U0399196

从万科到阿里
分散股权时代的公司治理

From **Wanke** to **Alibaba**

Corporate Governance in the
Dispersed Shareholding Era

郑志刚 ◎ 著

图书在版编目(CIP)数据

从万科到阿里:分散股权时代的公司治理/郑志刚著.—北京:北京大学出版社,2017.4

ISBN 978-7-301-28224-3

Ⅰ.①从… Ⅱ.①郑… Ⅲ.①上市公司—股权管理—研究—中国 Ⅳ.①F279.246

中国版本图书馆 CIP 数据核字(2017)第 061644 号

书　　　名	从万科到阿里:分散股权时代的公司治理 CONG WANKE DAO ALI: FENSAN GUQUAN SHIDAI DE GONGSI ZHILI
著作责任者	郑志刚　著
策划编辑	张　燕
责任编辑	张　燕
标准书号	ISBN 978-7-301-28224-3
出版发行	北京大学出版社
地　　　址	北京市海淀区成府路 205 号　100871
网　　　址	http://www.pup.cn　　新浪微博:@北京大学出版社
电子信箱	em@pup.cn
电　　　话	邮购部 62752015　发行部 62750672　编辑部 62752926
印　刷　者	北京中科印刷有限公司
经　销　者	新华书店 890 毫米×1240 毫米　32 开本　7.75 印张　141 千字 2017 年 4 月第 1 版　2017 年 12 月第 2 次印刷
定　　　价	45.00 元

未经许可,不得以任何方式复制或抄袭本书之部分或全部内容。
版权所有,侵权必究
举报电话:010-62752024　电子信箱:fd@pup.pku.edu.cn
图书如有印装质量问题,请与出版部联系,电话:010-62756370

前　言

我国资本市场在不知不觉中进入分散股权时代。万科股权之争和南玻 A 董事会被"血洗"等事件的发生使我国投资者意识到，传说中的"门外野蛮人"已近在咫尺（参见本书"'血洗'董事会：上市公司不堪承受之重？"）。一时之间，从股东到高管，甚至监管当局都陷入公司治理对策缺失的恐慌之中。那么，我们应该如何应对分散股权时代的公司治理问题？通过对一个个既相互独立又内在关联的个案的经济观察，剖析故事发生背后的缘由、逻辑和趋势，本书试图勾勒出一幅在分散股权时代如何选择公司治理模式的图画。

2015 年 7 月发生的宝能"举牌"万科从开始就注定了不是一场单纯的并购（参见本书"'险资举牌'是单纯的并购吗？"）。由于并购对象万科的管理层是以王石为首的创业团队，使万科股权之争很快陷入是应该遵循资本市场"股权至上"的逻辑，还是应该对创业企业家的人力资本投资予以充分激励的争论之中。

正当围绕万科开展的实务和理论之争如火如荼时，哈佛大学哈特教授获得 2016 年诺贝尔经济学奖的消息传来。哈特教

从万科到阿里：
分散股权时代的公司治理

授发展的不完全合约理论告诉我们，虽然面临由于合约不完全导致的经理人机会主义行为，但投资者依然愿意把自有财富交给陌生的经理人打理，是由于公司向股东做出未来可享有所有者权益的承诺。对于合约中未规定事项，股东拥有剩余控制权，表现为对公司资产重组等事项以投票表决方式进行最后裁决（参见本书"哈特的不完全合约理论与'现代股份公司之谜'"）。更加重要的是，哈特教授告诉我们，控制权安排的实质是向股东提供投资的激励（参见本书"对哈特不完全合约理论的几个误解"）。因此，在控制权安排模式选择上我们需要围绕上述实质展开。

如果说哈特教授发展的不完全合约理论为我们解决分散股权时代的公司治理模式选择问题提供了思考方向，那么发生在身边的阿里的故事则为我们近距离观察如何防范"野蛮人入侵"提供了成功的案例（参见本书"阿里上市启示录"）。借助合伙人制度，阿里事实上变相推出了不平等投票权。持股31.8%的阿里第一控股股东软银和持股15.3%的第二控股股东雅虎竟然放弃在普通人看来至关重要的控制权，而同意持股13%的马云合伙人对阿里的实际控制。而软银之所以同意放弃控制，原因在于，变相推出的不平等投票权事实上完成了创业团队与外部投资者之间从短期雇佣合约到长期合伙合约的转化，实现了交易成本的节省（参见本书"从万科到阿里：公司控制权安排的新革命"）。这事实上同样是Facebook、Google等美国企业和百度、京东等在美国上市的中国企业选择发行双

前　言

层股权结构股票背后的玄机。

互联网金融时代的来临无疑将加快上述控制权安排模式创新的进程。消费者与投资者之间的边界变得模糊，身份的重叠使得资本的责任能力弱化许多，以往相对稀缺的资本退化为普通的生产资料。而随着投资者进入门槛的进一步降低，任何需要资金支持的项目都可以借助互联网金融轻松实现外部融资，而不再受到资本预算瓶颈的限制。业务模式竞争背后更多反映的是"人力资本的竞争"。"劳动（创新的业务模式）雇佣资本（通过互联网实现外部融资）"的时代悄然来临（参见本书"互联网金融时代的公司治理"）。

随着互联网金融时代的来临，在被加速的控制权安排模式创新进程中，我们需要更加谨慎地把握控制权安排的实质内涵，努力避免对控制权安排的误解和滥用。在杭绍台高铁项目中，有人担心民资成为控股股东会制定垄断高价，损害当地居民的福利（参见本书"民资成为控股股东就可以'为所欲为'吗？"）。我们看到，股东通过投票表决对重大事项的影响力应该限于不完全合约中尚未涉及的资产重组和经营战略调整等事项，而对于合约中明确规定的提供客运服务的责任和义务则不应该成为股东讨论和决定的范畴，而是需要严格履行合约义务。因此，即使民资成为控股股东，也并不意味着它可以为所欲为。一些人对杭绍台高铁项目民资控股的担心显然是对控制权安排实质内涵的误解。

除了对控制权安排实质内涵存在误解，现实经济生活中还

从万科到阿里：
分散股权时代的公司治理

存在滥用控制权安排的例子，以及认为控制权安排可以代替政府监管作为的观点。一些学者主张，从央企整合开始，推动中国石化、电力、煤炭企业间的链式整合，全面升级建立以"煤气化为核心"的多联产能源系统，实现中国能源消费由一次能源向二次清洁能源的转化，"以小代价换时间、以小博弈换蓝天"。我们看到，上述建议仅仅是用产权控制来代替政府监管作为，并不能实现预期的治霾目的（参见本书"国企整合难治霾"）。这显然是控制权安排的滥用，因为控制权的安排只有在涉及投资激励时才变得重要。无论用控制权安排来避免垄断定价，还是用控制权安排代替政府监管作为，其实都是对控制权安排实质内涵的误解。

从 2003 年到 2016 年，我国上市公司共发生了 2 558 起实际控制人变更。其中实际控制人从国有性质转为非国有性质共 628 家，占到全部变更的 25%。上述事实在很大程度上表明，第一大股东性质的改变既是重要的，也是不重要的。其重要程度依赖于一个公司治理结构的完善程度。给定一个公司已在一定程度上形成完备的公司治理结构，第一大股东性质的改变对于企业经营管理的影响变得无关紧要。在我国资本市场，如同上市公司股权结构由集中趋于分散将成为常态一样，未来第一大股东性质的转变也将成为常态。国有企业进入什么领域，同时退出什么领域，要依据战略调整方向和业务开展熟悉程度，做到有进有退、有守有为（参见本书"上市公司第一大股东性质的转变有那么重要吗？"）。

前　言

如果说前面的讨论更多地涉及我国资本市场进入分散股权时代理论上可以借鉴的控制权安排模式，接下来的讨论则有助于我们认识我国资本市场内在变革的动因。控股股东"一股独大"和控股股东的国有性质被长期认为是我国上市公司治理模式的基本特征。随着我国资本市场权利保护状况的改善和风险分担意识的加强，原第一大股东倾向于选择分散的股权结构。我国国有企业开始从"管企业"向"管资本"转变（参见本书"理解混合所有制"）。持有优先股的国有资本可以很好地实现保值增值、增进全民福利的目的，而民资则从中看到了国有资本混改的诚意和所做出的制度承诺。对于在混改过程中推出的国企高管限薪和员工持股计划，我们从完善混改实际效果的角度提出了自己的商榷意见（参见本书"完善治理结构：国企薪酬问题的根本出路"和"国企混改，我们应该期待什么样的员工持股方案？"）。

除了控制权安排制度的创新方向和混改提供的内在变革动力，分散股权时代的公司治理模式的形成还有赖于公平竞争的外部市场环境。而2016年11月在学术界掀起的围绕产业政策的大讨论事实上从更广阔的角度讨论了进入分散股权时代公司治理的外部环境问题。既然进入分散股权时代，无论"野蛮人"的接管威胁，还是管理层反并购条款的实施，都有赖于公平公正的资本市场。由于不仅缺乏制定科学合理产业政策所需要的当地信息，同时缺乏避免制定产业政策扭曲的制度保障，现实中更多的产业政策成为"穿着马甲的计划经济"（张维

从万科到阿里：
分散股权时代的公司治理

迎），人为地制造不公平竞争（参见本书"产业政策的边界究竟在哪里？"和"政府具有制定产业政策的能力吗？"）。

进入分散股权时代，随着原来大股东持股比例的下降、大股东以往举足轻重影响力的减弱和分散股东的权利意识的增强，在一些上市公司通过"小股民起义"推翻大股东议案的事件屡见不鲜（参见本书"公司章程修改，股东为什么会投反对票？"）。我们看到，在更换董事会重要成员、公司章程修改等重大问题上，既不应该是部分股东，也不应该是代表部分股东的部分董事，而应该是全体股东用手中"神圣的一票"来做出更符合大多数股东利益的最终裁决。

那么，在进入分散股权时代后，我国上市公司应该如何选择公司治理模式呢？我们认为，首先，未来需要使股东真正成为公司治理的权威，而使股东大会的投票表决成为体现股东意志、保护股东权益的基本平台。其次，在内部治理机制设计上，从依靠控股股东逐步转向依靠以利益中性、地位独立的独立董事为主的董事会。当管理团队与新入主股东发生冲突时，独董提议召开的特别股东大会则成为协调双方意见分歧重要的机制。最后，在外部治理机制上，发挥险资、养老金等机构投资者的积极股东角色。

在这次以"险资举牌"为特征的并购潮中，其积极的意义在于向那些仍然沉迷于"铁饭碗"的经理人发出警示：虽然原来国资背景的大股东可能并不会让你轻易退位，但新入主的股东则可能使你被迫离职。目前我国资本市场关注的公司治

前　言

理问题已从原来的经理人机会主义行为转为以"野蛮人入侵"为代表的股东机会主义行为。因此，为了建设和完善健康有序的资本市场，我们需要在借助外部接管威胁警示不作为的经理人和保护创业团队以业务模式创新为特征的人力资本投资之间实现良好的平衡（参见本书"在分散股权时代如何选择公司治理模式？"和"如何使险资、养老金成为合格的机构投资者？"）。

本书收录了我们对随着分散股权时代来临我国上市公司治理模式转换阵痛期的经济观察笔记，全书共由发表在《经济观察报》《中国经营报》《21世纪商业评论》《财经》《董事会》和FT中文网、财新网等报刊和媒体上的共30篇经济评论组成。在本书出版时，我们将这些文章按照不同的主题，分为既相互独立又内在关联的6篇。

这里特别感谢张维迎教授、吴晓求教授对本书的大力推荐，希望没有辜负他们对本书寄予的厚望。同时感谢《证券市场导报》的胡耀亭、FT中文网的冯涛和徐瑾、《经济观察报》的李晓丹、《财经》的宋玮、《21世纪商业评论》的陈晓平、《董事会》的郭洪业等编辑的督促、鞭策和鼓励。同时感谢我担任学术委员的盘古智库和担任高级研究员的人大重阳金融研究院在文章推广传播过程中给予的大力支持和帮助。一些文章还曾以讲座的形式在人大重阳金融研究院和盘古智库进行深入交流和互动。尤其感谢盘古智库的范昆、辛淑平、王岳和人大重阳金融研究院的胡海滨在具体事务上的协助。

从万科到阿里：
分散股权时代的公司治理

  这是继 2016 年出版《中国公司治理的理论与证据》以来，我在北京大学出版社出版的第二本书。几年的合作使我和责任编辑张燕女士建立了良好的默契。这里感谢她在编辑和推动出版本书过程中付出的巨大艰辛和努力。

  最后我想感谢我的妻子和儿子。妻子由于工作的需要暂居海南。妻子虽然不在身边，但她对家庭的爱使我照顾家庭的担子并没有明显加重，反而使我获得了更多研究、思考和写作的自由。儿子在成长过程中的俏皮和淘气以及与他的斗智斗勇都使我能够放下思维的惯性，从新的角度去思考现实问题，通己达人。妻子和儿子的爱是我持续思考中国现实公司治理问题的重要动力之一。

郑志刚
2017 年 2 月 27 日

目录 Contents

第一篇
"万科股权之争"与我国资本市场分散股权时代的来临

万科股权之争：我国资本市场分散股权结构时代的来临？　/ 3

从狭义产权保护到人力资本投资激励的全覆盖　/ 9

谁来保护中小股东的利益？　/ 16

"险资举牌"是单纯的并购吗？　/ 21

"血洗"董事会：上市公司不堪承受之重？

——南玻A高管集体辞职事件引发的思考　/ 28

第二篇
国企改革与混合所有制

理解混合所有制　/ 39

国有企业未来需要一场"现代公司革命"　/ 46

完善治理结构：国企薪酬问题的根本出路　/ 56

国企混改，我们应该期待什么样的员工持股方案？　/ 63

从万科到阿里：
分散股权时代的公司治理

第三篇

对产权内涵的重新认识

哈特的不完全合约理论与"现代股份公司之谜" ／71

霍姆斯特姆和他的激励合约设计理论 ／78

对哈特不完全合约理论的几个误解 ／86

国企整合难治霾 ／96

我们应该如何保护非公产权？ ／106

民资成为控股股东就可以"为所欲为"吗？ ／109

上市公司第一大股东性质的转变有那么重要吗？ ／116

第四篇

从万科到阿里：公司控制权安排的新革命

阿里上市启示录 ／127

互联网金融时代的公司治理 ／136

从万科到阿里：公司控制权安排的新革命 ／145

第五篇

如何为公司治理营造积极的外部环境？

产业政策的边界究竟在哪里？ / 167

政府具有制定产业政策的能力吗？ / 172

市值管理的"误区"与公司治理的回归 / 178

互联网金融的实质与监管理念 / 185

"三位一体"的互联网金融监管框架的构建 / 194

第六篇

在分散股权时代如何选择公司治理模式？

从葛文耀到董明珠：从国企改制而来的上市公司特殊的传承问题 / 201

如何使险资、养老金成为合格的机构投资者？ / 207

谁抢了监事会的饭碗？ / 214

我国上市公司独董为什么没有发挥预期的作用？ / 218

公司章程修改，股东为什么会投反对票？ / 224

在分散股权时代如何选择公司治理模式？ / 231

第一篇
"万科股权之争"与我国资本市场分散股权时代的来临

万科股权之争：我国资本市场分散股权结构时代的来临？*

万科股权之争的发生并非偶然。随着我国资本市场进入后股权分置时代，全流通为以股权变更实现资产重组带来便利。这使得分散股权结构的形成具有可能性。而2014年以来我国资本市场频繁发生的"小股民起义"使我们感受到股权结构多元化并不遥远。① 很多第二大股东通过在二级市场公开收购股票，一举成为控股股东，从而引发所谓的"小股民起义"，个别公司甚至同时出现两个董事会。目前我国国有企业改革进程中积极推进的混合所有制改革，通过并购重组实现的去产能，国企改革从"管企业"到"管资本"的国有资产管理理念转变，以及缩短国企金字塔结构控股链条等举措，进一步为

---

* 本文曾以"'万科之争'背后：股权分散时代来临"为题发表于财新网，2016年6月27日。

① 参见张玥、陈李娜，"'股票就是选票'，股民也是股东"，《南方周末》，2014年7月4日。

从万科到阿里：
分散股权时代的公司治理

分散股权结构时代的来临提供了积极的政策环境。

在上述时代背景和政策环境下，万科股权之争发生了。我们看到，万科股权之争从一开始就呈现出不同于以往资本市场控制权转移的新特点。其一，不存在绝对控股的大股东，"一股独大"成为历史。无论原来的控股股东华润还是目前的控股股东宝能，以及未来可能通过发行股份购买资产实现控股的深圳地铁，其持股比例都在20%左右，与其他第二到第五大股东之间的持股比例相差不大。其二，同时存在两个甚至多个持股比例接近的股东。其三，"门口的野蛮人"在不断"撞门"。万科股权之争从早期的宝能到最近华润试图增持的举动，再到深圳地铁加入混战，我们都能强烈感受到"门口野蛮人"试图"闯入"的冲动。其四，管理层不再是温顺的"待宰羔羊"。从面对宝能并购的一刻起，王石团队即开始采取包括说服原大股东华润增持、积极引进战略投资者深圳地铁，以及其他反接管行为。这使得王石团队始终成为万科股权之争这幕大剧中的绝对主角。

万科股权之争的上述特点一定程度上预示了我国资本市场分散股权结构时代的来临。那么，在分散股权结构下，上市公司应该如何形成合理的治理构架呢？

第一，从一股独大到几家股东的分权控制（shared control）。理论上，几家大股东分权控制将会导致有利于外部分散股东利

第一篇
"万科股权之争"与我国资本市场分散股权时代的来临

益保护的折中效应（compromise effect）的出现（Gomes and Novaes，2001；等等）。这是因为尽管处于控制性地位的几家股东有极强的愿望避免发生观点的不一致，但事后的讨价还价最终形成的决议，往往能够阻止经理人做出符合控股股东利益但损害中小股东利益的商业决定。因此，随着分散股权结构时代的来临，我国资本市场无论投资方还是管理层都需要摒弃"一股独大"模式下为了争夺控股权的你死我活和权力斗争的逻辑，转而以提升公司的长远价值为己任，实现合作共赢。事实上，现代股份公司之所以成为一项在短短250年内帮助人类实现财富爆发式积累的"伟大的发明"，恰恰在于通过资本社会化与经理人职业化实现了专业化基础上的深度分工合作。①

第二，公司治理的权威从控股股东转到董事会。以往"一股独大"股权结构下的董事会典型运作模式是：作为法人代表的董事长的任何行为都会被解读为控股股东意志的体现；董事长主导下的各项看起来兼具合理性与合法性的议案在经过一些必要流程后通过成为必然；鲜有（独立）董事出具否定意见。由于"真正"所有者缺位和依赖长的委托代理链条来实现对公司的控制，我国国有上市公司逐步形成了以董事长这一公司

---

① 参见郑志刚，"国有企业未来需要一场现代公司革命"，《经济观察报》，2016年4月30日。

从万科到阿里：
分散股权时代的公司治理

实际控制人为中心的内部人控制格局。在"一股独大"的股权结构下，董事会显然并非公司治理真正的权威。然而，不同于"一股独大"下的股权结构，在分散股东结构下，公司治理权威从控股股东回归到董事会。代表各个股东的董事基于商议性民主形成保护股东利益的最大共识；董事会运行更多地与"各抒己见""以理服人"以及"和而不同"等字眼联系在一起；董事会更像是代议制民主下的听证会和现代大学的博士论文答辩会。分散股权结构下的董事长则退化为董事会的召集人，甚至由代表主要股东的董事轮值；董事会在充分沟通讨论基础上形成的决议由股东大会按持股比例进行最后表决。通过上述制度安排，董事会成为公司治理真正的权威。

第三，管理层成为与外部分散股东博弈的一方，主动参与公司治理。与"一股独大"股权结构下的管理层以"打工仔"自居，被动接受股东和股东授权的董事会的监督不同，分散股权结构时代的管理层或者通过雇员持股计划成为股东的一部分，或者通过实施事业合伙人制度实现从雇员到雇主的转变。特别地，在一些允许发行不平等投票权的国家，创业团队持有高于一股一票的B类股票，对公司具有与持股比例不匹配的控制权。一个典型的例子来自2014年9月在美国上市的阿里巴巴。持股13%的马云合伙人（马云本人持股仅7.6%）通过推出对董事提名具有实质影响的合伙人制度变相实现了不平等投

第一篇
"万科股权之争"与我国资本市场分散股权时代的来临

票权的发行,使阿里的实际控制权牢牢掌握在以马云为首的合伙人团队手中。我们看到,第一大股东软银(持股31.8%,日本孙正义)和第二大股东雅虎(持股15.3%)之所以心甘情愿地放弃我国资本市场投资者所熟悉的控股股东地位和相应的控制权,恰恰是出于业务模式把握的困难,预期干预事倍功半、适得其反,不如"退化为普通投资者",把业务决策交给更加专业的马云合伙人团队。[①] 通过上述一系列的制度安排,在分散股权结构下,无论作为雇员持股计划的股东代表还是管理层本身,管理层能够从原来被动接受监督,变为现在积极主动参与公司治理。而管理层实现公司治理参与的平台依然是基于商议性民主的董事会。

如果我们用一句话来概括以万科股权之争为标志的分散股权结构时代的来临带给我国资本市场的变化,那就是:在一股独大股权结构时代,"控股股东说了算";而在分散股权结构时代,"大家商量着来"。在上述意义上,分散股权结构时代的来临一定程度也意味着"控股股东说了算"的时代的结束。

对于此次处于风口浪尖的万科股权之争,我们在此呼吁:万科不仅是王石的万科、华润的万科、宝能的万科,作为公众公司更是投资者的万科。无论投资方还是管理层都应该顺应股

---

① 参见郑志刚,"阿里上市启示录",《21世纪商业评论》,2014年第23期。

从万科到阿里：
分散股权时代的公司治理

权分散时代来临的趋势，摒弃"一股独大"模式下控制权争夺的思维，共同回到"董事会的圆桌"旁，围绕万科持续经营发展集思广益，合作共赢。希望通过这次股权之争，万科也为未来分散股东结构时代公司治理构架的形成开展积极有益的探索，并树立成功的典范。

从狭义产权保护到人力资本投资激励的全覆盖*

万科的股权之争从宝能开始举牌就注定了该案例将成为我国资本市场的经典案例。这不仅是因为万科是我国房地产行业最优秀的企业之一,万科的管理团队被认为是最优秀的管理团队之一,而且因为宝能是较早通过资本市场举牌的方式获得传统上被认为是国有控股的万科的控制性股份的民企之一。更加重要的是,该案例由于并购对象万科的管理层是以王石为首的创业团队,使万科股权之争很快陷入是应该遵循资本市场的股权至上的逻辑,还是应该对创业企业家的人力资本投资予以充分激励的争论之中。由于上述几个方面的原因,这起看似普通的控制权之争变得不再那么简单。

在讨论万科股权之争之前,让我们简单回顾在 20 世纪七

---

* 本文曾以"万科之争:从狭义产权保护到人力资本投资激励"为题发表于财新网,2016 年 7 月 5 日。

从万科到阿里：
分散股权时代的公司治理

八十年代美国经历的并购浪潮曾经带给公司治理理论和实务界的不同思考。伴随着接管完成，经营不善的管理团队往往被辞退。上述风险使得接管威胁成为公司治理重要的外部治理机制，迫使管理团队努力工作。外部接管威胁由此被认为是使投资者"按时收回投资并取得合理回报"可资借鉴的手段和途径。然而一些学者同时发现，外部接管也会使"门外野蛮人"乘虚而入，实现对新型企业的控制，甚至将创业企业家扫地出门。甚至连苹果的创业者乔布斯都难逃类似厄运。这一现象就是今天我们大家开始熟悉的"门外野蛮人入侵"现象。如果预期到经过辛勤打拼创建的新型企业未来将轻易地被"野蛮人"闯入，企业家创业的激励将降低。因而，没有对"野蛮人的入侵"设置足够高的门槛，不仅会挫伤企业家创业的积极性，而且会伤及社会发展和文明进步。

因此，并购浪潮后公司治理理论和实务界开始深入反思：如何避免像类似乔布斯这样的创新企业家被"门外野蛮人"驱逐？除了像乔布斯一样借助资本市场的游戏规则重新控制苹果外（并不能排除王石团队未来会像宝能一样通过举牌重新获得对万科控制的可能，毕竟资本市场的游戏规则是透明而且一定程度上是公平的），一度被认为不利于投资者权利保护的不平等投票权在鼓励企业家创业方面的价值重新获得了公司治理理论和实务界的认同，并在 IT 等产业中广为应用。如今我们

第一篇
"万科股权之争"与我国资本市场分散股权时代的来临

所熟知的Facebook、Google，以及在美国上市的百度和京东全都选择发行超过普通股一股一票的B类股票。而我国资本市场目前并不允许发行具有不平等投票权的股票。

在很多国家不再限制发行具有不平等投票权的股票的同时，对控制性股份的持有在一些资本市场也变得不再像以往一样至关重要。一个典型的例子是，持股31.8%的阿里第一控股股东软银和持股15.3%的第二控股股东雅虎愿意放弃实际控制权，而同意持股13%的马云合伙人（马云本人持股仅7.6%）通过合伙人制度变相推出的不平等投票权来实现对阿里的实际控制。毕竟，投资者更加看重的是获得高额的投资回报，而业务模式的把握并非这些投资者所擅长，孙正义事实上也从对阿里的投资和对阿里控制权的放弃中赚得钵满盆满。我们设想一下，如果孙正义并不愿意放弃对阿里的实际控制，甚至通过发起召开股东大会把马云团队罢免，孙正义是否能够在阿里的投资上全身而退则不得而知。

我们注意到，无论是允许具有不平等投票权的股票的发行，还是控制性股份的持有的重要性的下降，都在一定程度上体现了美国公司治理理论和实务界从狭义产权保护到人力资本投资激励的全覆盖的转变。换句话说，以往公司治理实践更加强调对物质资本投资者利益进行保护，而目前则转为强调对包括创新团队人力资本投资激励在内的更加广泛的保护。我们把

从万科到阿里：
分散股权时代的公司治理

前者概括为"狭义的产权保护"，而把后者概括为"广义的产权保护"。我们看到，随着美国20世纪七八十年代资本市场并购浪潮的结束，美国公司治理理论和实务界对产权保护的认识经历了从狭义到广义的转变。

由于王石对于万科就像乔布斯对于苹果一样，因此对于宝能举牌发起的万科股权之争我们显然不能停留在美国20世纪七八十年代接管浪潮期间强调资本市场股权至上逻辑的认识阶段，而是要进入到后接管浪潮时代，将该问题与如何防御"门外野蛮人的入侵"和保护企业家的创业激励等问题联系在一起。这恰恰是本文开始时形成的"万科股权之争不再是一个简单的控制权转移问题"判断背后的原因。

事实上，我国企业产权制度的发展同样经历了以下几个重要阶段。在改革开放之前，甚至改革开放初期，我国企业的主要问题是产权不清。王石早年的创业故事是这方面的典型例子。经过三十多年的改革开放，无论投资者还是管理层都逐渐认识到对投资者权利保护的重要性，产权保护的意识也深入人心。这是这次万科股权之争民企背景的宝能获得很多投资者同情背后的现实原因。而如今万科股权之争则意味着这一在美国后接管浪潮时代面临的如何保护企业家创业的人力资本投资激励也开始在我国资本市场显现。今天我们在讨论万科股权之争时，不仅仅是在讨论是否遵循"资本市场的游戏规则"和

第一篇
"万科股权之争"与我国资本市场分散股权时代的来临

"股权至上"逻辑的问题,而且还包括在强调保护物质资本投资者利益的同时如何保护创业企业家人力资本投资激励的问题。我们需要在二者之间寻找一种可能的平衡。因此,面对万科股权之争,我国公司治理的理论与实务界对产权保护的理解同样需要经历从狭义到广义的转变。这就如同美国在后接管浪潮时代经历的类似转变一样。而目前围绕万科股权之争的很多讨论还仅仅停留在狭义产权保护的视角,仅仅看到问题的一个方面,而没有看到问题的另一方面,无法从问题的两面,或者说更广义的产权保护视角来加以分析。

对于以万科股权之争为标志的我国上市公司股权分散时代的来临,无论立法和监管当局还是公司层面公司治理制度的设计和安排,都要积极兴利除弊,变革创新,以顺应带来我国资本市场深刻变化的这一公司治理新格局的出现。

首先,未来我国资本市场应放松对"一股一票"原则的要求,允许一些创业企业家以发行具有不平等投票权的股票上市,但是否有投资者愿意购买,并以什么价格购买则由市场决定。所谓的具有不平等投票权的股票,是指上市公司同时发行两类股票:A类股票一股一票,但B类股票则多股一票。我们以在美国上市的中国企业为例,从优酷的一股三票到京东的一股二十票,通过持有B类股票,创业企业家可以以较少的股份实现对公司的控制。阿里当初之所以放弃在我国内地A股和香

从万科到阿里：
分散股权时代的公司治理

港上市，是由于不符合我国内地和香港资本市场对一股一票的要求。然而在阿里于2014年在美国成功上市后，港监局于2015年即推出拟允许有条件突破"一股一票"要求。

其次，一些企业则通过基于股东认同的合伙人制度安排实现对人力资本投资激励和企业家创业的保护。按照公司章程，阿里合伙人拥有特别提名权，并可任命大多数的董事会成员。我们看到，阿里通过合伙人制度形成了"董事会中的董事会"，履行了"特殊的董事长"的职能。这集中体现在"管理团队事前组建"和"公司治理机制前置"上。前者通过优秀人才的储备和管理团队磨合期的减少，后者通过雇员持股计划的推出和共同认同的企业文化的培育使公司的管理效率得到极大提升。我们看到，在一定意义上，阿里控股股东软银和雅虎之所以愿意放弃对阿里事实上的"同股同权"（"一股一票"）原则，事实上是向具有良好的"业务模式发展引领者"的声誉，同时通过"管理团队事前组建"和"公司治理机制前置"极大提升管理效率的阿里特殊人力资本团队——阿里合伙人支付了溢价。因而，阿里合伙人制度的实质是在"劳动雇佣资本"时代，资本向特殊人力资本团队支付的溢价。而合伙人制度的出现反过来昭示了"劳动雇佣资本"时代的来临。

与不平等投票权相比，合伙人制度具有更浓郁的"管理团队事前组建"和"公司治理机制前置"等所带来的管理效率提升色彩，但合伙人制度并不具有不平等投票权从 B 股转为 A 股的通畅的退出机制。合伙人制度中关于企业文化和价值观等的"软"约束，以及创始人独一无二、不可替代的作用都会为未来合伙人制度的执行带来某种不确定性。

事实上，包括万科在内的一些企业曾一度推出事业合伙人制度。但由于缺乏法律和股东的认同，其很大意义上成为一种员工自组织行为。类似阿里的合伙人制度的推出则不仅需要在法律层面突破上市公司发行"一股一票"的限制，而且需要允许上市公司在公司章程制定上具有更多的灵活性。

谁来保护中小股东的利益？[*]

在此次万科股权之争中，外部中小股东长期成为沉默的大多数。这一局面直到前不久两位小股东提起诉讼，申请判决撤销引入深圳地铁，和最近万科最大自然人股东刘元生的实名举报质疑华润、宝能涉嫌一致行动，才有所改观。而股权之争的当事各方，无论是万科管理团队，还是前控股股东华润、现控股股东宝能似乎总能找到一些途径来保护自己的利益。例如，以王石为首的管理团队可以通过推出事业合伙人制度、引入深圳地铁作为战略投资者，甚至策略性停牌来保护自己的利益；曾经的控股股东华润可以通过三名华润委派的董事代表反对万科重组方案；现在的控股股东宝能则可以通过联手华润在股东大会上否决董事会与监事会工作报告、提请召开特别股东大会来罢免王石管理团队。我们的问题是，在这次万科股权之争

---

[*] 本文曾以"万科股权之争：谁来保护中小股东的利益"为题发表于财新网，2016年7月7日。

第一篇
"万科股权之争"与我国资本市场分散股权时代的来临

中,谁来保护中小股东的利益?

首先,中小股东的利益能否靠控股股东来保护?理论上,由于持股比例较大,从监督管理团队带来的收益足以覆盖监督成本,控股股东往往成为监督管理团队这一"公共品"的提供者。外部中小股东则在监督管理团队问题上选择搭控股股东的便车。然而,万科的案例真实地告诉我们,中小股东的利益仰仗控股股东保护并不是一件十分靠谱的事情。前控股股东华润从宝能刚刚举牌时的无动于衷,到最近表示希望重新回到控股股东地位,政策摇摆不定,前后矛盾;三名华润委派的董事代表反对万科重组方案,而万科与深圳地铁战略重组方案未必不符合中小股东的利益。万科的现任控股股东宝能则率性提请召开特别股东大会,以罢免王石管理团队,而让王石管理团队全部出局显然不是中小股东愿意看到的结果。我们看到,毕竟股东之间在法律上并无信托责任,因此中小股东的利益保护不能完全寄托在控股股东身上。

其次,中小股东的利益能否靠监管当局来保护?在这次万科股权之争中,深交所的积极作为给大家留下了深刻的印象。从早些时候深交所对万科出具重组问询函,到前不久深交所对宝能系与华润是否为一致行动人关系的关注函,虽然看似"各打50大板",但监管当局这种"就事论事"的态度还是赢得了不少赞誉。这在一定程度上表明,监管当局对于保持监管公

从万科到阿里：
分散股权时代的公司治理

正性和独立性的理解开始走向成熟，尽管现在断言还为时尚早。

再次，中小股东的利益能否靠董事会来保护？董事会中的非独立董事的董事由各主要控股股东委派经股东大会投票表决后产生。在很大程度上，这些董事的责任是保护委派其出任董事的主要控股股东的利益，对主要控股股东负相关诚信义务，而中小股东的利益则往往不在他们的保护之列。例如，三名华润委派的董事代表反对万科重组方案，而万科重组方案未必不符合小股东的利益。在我国上市公司中，除了代表主要控股股东利益的董事外，还存在比例不少于三分之一的独立董事。设定独立的独董由于提名以及其他产生来源上的问题，看上去并不能完全摆脱控股股东和管理团队的影响。例如，在这次万科股权之争中，独董张利平因回避表决而受到是否合规的广泛争议。

这次万科股权之争围绕董事的诚信义务暴露出来的问题是，董事（包括独董）究竟是应该向委派其出任董事的控股股东负有诚信责任，还是应该向公司全体股东负有诚信责任？对于这一问题一个逻辑近似的思考是：民主党推选的奥巴马在成为总统后是应该只对民主党负责，还是应该对全体美国人民负责？问题的答案一定程度上是不言而喻。但如何从制度上保障董事向全体股东而非部分委托其出任董事的控股股东负有法

第一篇
"万科股权之争"与我国资本市场分散股权时代的来临

律上的诚信义务则显然并非易事。例如,在本次万科股权之争中,如果能够证明与深圳地铁的重组方案有利于中小股东的利益,除非三位董事能够证明做出判断依据的是业务判断规则,而非简单遵循委派其出任董事的控股股东的意愿,中小股东是否可以起诉华润委派的三名董事代表违反向全体股东负有的诚信义务?

我们看到,一个董事会的理想组织和运作模式是,董事对全体股东,而不是部分股东负有诚信义务;董事会按照企业价值最大化这一商业规则基于商议性民主履职,并成为公司治理的权威。股东则依据利益原则采用简单多数或股东(公司章程)一致认同的其他规则对董事会提出的重要议案做最后裁决。

最后,中小股东的利益能否靠法律诉讼来保护?法律诉讼需要对董事诚信义务进行清晰的法律界定,但这看起来同样并非易事。更何况我国并没有推行举证倒置与集体诉讼等便于投资者通过法律诉讼维权的相关制度。因此,在目前阶段,外部中小股东对自己利益的保护途径更多地依赖"以脚投票"。这是大家所观察到的从7月4日万科复盘后股价连续出现两次跌停的部分原因。

有趣的是,根据有关万科的新的报道,万科工会开始起诉钜盛华、前海人寿等宝能系成员涉嫌损害股东利益责任纠纷一

从万科到阿里：
分散股权时代的公司治理

案。看来在未来，法律诉讼手段的使用将变得越来越频繁。我们衷心希望，万科股权之争不仅为分散股权结构时代下的新型公司治理模式的形成进行有益的探索，而且为如何保护中小股东的利益趟出一条新路来。

"险资举牌"是单纯的并购吗？*

最近一段时期，在我国资本市场频繁举牌的恒大、宝能等险资，由于快进快出，短期炒作，甚至"血洗"董事会，一时之间成为众矢之的，引得天怨人怒，杀伐之声不绝于耳。那么，为什么原本在其他成熟市场经济国家资本市场司空见惯的并购行为却在我国资本市场中让媒体和公众纷纷侧目呢？如果仔细观察，我们不难发现，今天发生在我国资本市场的这些"险资举牌"行为确实与以往成熟市场经济国家资本市场发生的并购行为存在不同之处。它们构成了我国资本市场发展特定阶段的独特并购行为，相应的利益冲突成为具有我国浓郁制度背景特质的公司治理故事。

第一，我国资本市场近期发生的以险资举牌为典型特征的并购，并不是由于代理冲突诱发股价低估，而是由于缺乏实际控制人。

---

* 本文曾以"为什么'险资举牌'不能简单等同于以往的并购"为题发表于《经济观察报》，2016年12月12日。

从万科到阿里：
分散股权时代的公司治理

如果股价低估是由于管理团队高的代理成本导致较差的绩效表现，在控制权转让完成后，通过对管理团队的更迭将降低代理成本，提升企业价值。因此，在成熟市场经济国家资本市场所发生的并购，甚至接管威胁，传统上被公司治理理论和实务界认为是重要的外部公司治理机制。然而，目前在我国资本市场以险资举牌为典型特征的并购，并不是由于代理冲突诱发股价低估，而是由于缺乏实际控制人。

从图 1 我们看到，在过去的十多年中，我国上市公司第一大股东平均持股比例持续下降。其中存在两个重要的节点。其一是股权分置改革完成的 2007 年。上市公司第一大股东平均持股比例从 2005 年股改前的 40% 以上下降到 2007 年的 35% 左右；其二就是险资大举进入资本市场的 2015 年。第一大股东平均持股比例进一步下降到目前 33% 左右。与此同时，从图 2 我们看到，第一大股东持股比例小于 20% 的公司数量呈现持续增长趋势。截至目前，第一大股东持股比例小于 20% 的公司超过 500 家，甚至有 50 家左右的上市公司第一大股东持股比例不足 10%。

上述变化意味着我国资本市场开始进入股权分散时代。而 2015 年 7 月发生的宝能举牌万科引发的股权之争由于事件影响的持续和广泛而成为我国资本市场进入股权分散时代的标志性事件。

第一篇
"万科股权之争"与我国资本市场分散股权时代的来临

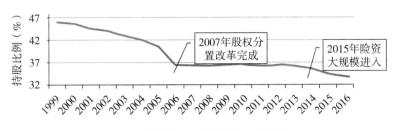

图 1 平均第一大股东持股比例变动

注：除 2016 年为 9 月 30 日的数据外，其他年份均为 12 月 31 日的数据。

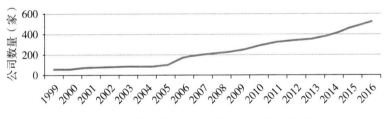

图 2 第一大股东持股比例小于 20% 公司数量变动

注：除 2016 年为 9 月 30 日的数据外，其他年份均为 12 月 31 日的数据。

第二，公司治理从对经理人机会主义行为的关注转向对股东机会主义行为的关注。

公司治理传统上关注经理人与外部分散股东由于经营权与所有权的分离所产生的代理冲突。具有私人信息的经理人可以通过帝国扩张谋求私人收益，损害外部分散股东的利益，我们把上述帝国扩展等行为概括为经理人机会主义行为。接管威胁所扮演的重要公司治理角色就是由于针对经理人机会主义行为

23

从万科到阿里：
分散股权时代的公司治理

而受到广泛的认同。然而，近年来，资本市场频繁发生的"门外野蛮人入侵"现象也使人们意识到外部接管对创业团队人力资本专用性投入的潜在激励扭曲。典型的例子如乔布斯由于对控制权的不当安排而一度被迫离开自己亲手创办的苹果公司。而近期爆发的宝能"血洗"南玻A董事会事件开始使中国资本市场意识到"门外野蛮人入侵"的粗暴。我们看到，随着我国资本市场进入股权分散时代，传统的经理人机会主义行为倾向，逐步被"门外野蛮人入侵"等股东机会主义行为威胁所代替。如果预期到辛勤打拼创建的企业未来将轻易地被"野蛮人闯入"，以业务模式创新为特征的创业团队的人力资本投资激励将大为降低。因而，没有对"野蛮人入侵"设置足够高的门槛不仅将挫伤创业团队人力资本投资的积极性，甚至会伤及整个社会创新的推动和效率的提升。

第三，那些股权分散并成为并购潜在对象的上市公司往往是从国企转制而来。一方面，这些企业有引领当年规模很小，甚至亏损严重的国企一步步成长为今天的行业龙头企业的强势企业家；但另一方面，这些企业家从持股比例上看并非企业的实际所有者。例如，近期媒体曝光率很高的葛文耀曾经所在的上海家化、曾南曾经所在的南玻、王石目前所在的万科以及董明珠目前所在的格力都属于这类企业。由于国有体制对经理人股权激励计划，甚至经理人收购计划推行的相关限制，这些企

第一篇
"万科股权之争"与我国资本市场分散股权时代的来临

业家的历史贡献并没有以股权的形式得到认同。当面临资本市场的控制权之争时,他们的反抗不仅显得无力,心怀怨怼的他们的一些反抗行为有时甚至显得意气用事。这无形中增加了控制权之争的对抗性。

我们看到,今天发生在我国资本市场控制权之争中激烈的对抗一定程度上与我国历史上的国企改制并没有很好地解决管理团队持股这一遗留问题有关。相比而言,在当年改制较为彻底的海尔和宇通等企业,今天则并不会观察到类似问题的存在。从这个例子我们再次看到,在国企改革进程中一些暂时被搁置的问题,只是时间上的延缓,但并不意味着得到了根本解决。未来,我们仍然需要面对如何抚慰这些为企业付出巨大努力的企业家们,使这些企业能够顺利传承的问题。

在我们看来,我国资本市场今天发生的险资举牌不同于以往并购行为最后的原因是,并购的发起者往往是近期与"妖精""害人精"等字眼连在一起的臭名昭著的"险资"。险资作为重要机构投资者持有上市公司股份是资本市场十分常见的现象。但为什么在我国就突然变得天怨人怒、人人侧目了呢?我们看到,这显然与我们前面提到的三个方面的原因分不开。首先,由于我国资本市场仓促进入股权分散时代,成为第一大股东并非由于原来管理团队做得不好,而是由于缺乏实际控制人。这使得以往被认为是改善公司治理的外部接管失去了公司

从万科到阿里：
分散股权时代的公司治理

治理法理上的正当性。其次，"野蛮人入侵"的股东机会主义逐步取代传统的经理人机会主义，构成对创业团队人力资本投资的威胁。在越来越多的人认识到"21世纪最宝贵的是人才"的今天，遭受"野蛮人入侵"威胁的创业团队获得了大众的同情。最后，国企改制历史遗留问题使没有控制权但对企业影响举足轻重的企业家心怀怨怼、意气用事，增加了控制权之争的对抗性。因此，今天在我国资本市场发生的险资背景的机构投资者举牌，只是我们所观察到的这些不同以往的并购行为的一方面原因，而并非全部原因。我们看到，失去公司治理的法理正当性，面对公众对遭受"野蛮人入侵"威胁的管理团队的同情，而且受到心怀怨怼，甚至意气用事的管理团队的激烈抵抗，此时被推上了历史前台举牌的险资注定将在我国资本市场的这一发展阶段扮演并不光彩的角色。

令人感到遗憾的是，面对缺乏实际控制人的股权分散时代，雄心勃勃的险资似乎并没有意识到上述诸多不利因素的存在，谨慎地保守自身财务投资者的角色，与创业团队一起分享企业快速成长的红利，而是频繁越界，谋求控制权，甚至不惜"血洗"董事会。所以，今天险资在资本市场上所受到的人人狙击的局面除了客观上的不利因素，与自身没有严格履行风险管理义务同样脱不了干系。

我们希望强调的是，面对今天资本市场各方均不愿看到的

第一篇
"万科股权之争"与我国资本市场分散股权时代的来临

"血洗董事会",以及通常被认为是资本市场积极力量的机构投资者——险资——声名狼藉的局面,有过错的不仅是举牌的险资。不积极谋求分散股权时代如何抵御"野蛮人入侵"的制度创新的监管当局难辞其咎;延缓甚至终止当年国企改制过程中推行的经理人持股计划,以至于问题遗留至今的当年主导国企改革的相关部门难辞其咎;面对险资的频繁举牌,态度暧昧,默许甚至纵容险资大举入侵的主要股东难辞其咎;习惯于"一股独大"治理模式下大股东的大包大揽,面对新入主股东与创业团队单方或双方"跨界"行为,并不愿意通过股东大会投票来加以阻止的外部分散股东同样难辞其咎。

在上述意义上,我们看到,今天资本市场各方均不愿看到的"血洗董事会"以及险资声名狼藉的局面,是我国上市公司"仓促"进入股权分散时代被迫承担的制度成本。

"血洗"董事会：
上市公司不堪承受之重？
——南玻A高管集体辞职事件引发的思考*

2016年11月15日深夜，微信公众号"市值风云"在"重磅突发"栏目下以"南玻A高管集体辞职，姚振华'血洗'董事会"为题，报道了南玻A高管集体辞职事件。包括创始人曾南在内的8名高管相继辞职，两名提出辞职的独董由于导致独董占董事会人数的比例低于法定要求，被迫继续履职。如果说万科股权之争标志着我国资本市场开始进入股权分散时代，那么，这次南玻A高管的集体辞职事件则是股权分散时代公司治理事件的新高潮。南玻A高管集体辞职事件将像万科股权之争一样，注定成为我国资本市场发展历程中具有标志性意义的公司治理事件。

---

* 本文曾以"'血洗'董事会：上市公司不堪承受之重？"为题发表于FT中文网，2016年11月21日。

第一篇
"万科股权之争"与我国资本市场分散股权时代的来临

在持续观察南玻 A 高管集体辞职事件未来走向的同时,已经披露出来的信息引发了我们对我国上市公司如何应对股权分散时代公司治理制度安排变革的几个思考。

第一,并购能够必然像传统公司治理理论预期的那样,可以实现改善公司治理、降低代理成本的目的吗?

传统公司治理理论把接管威胁视作重要的外部治理机制。如果股价低估是由于管理团队高的代理成本导致较差的绩效表现,在控制权转让完成后,将通过对管理团队的更迭降低代理成本,提升企业价值。在南玻 A 的高管集体辞职事件中,我们能够观察到由于缺乏实际控制人,从 2015 年开始,宝能系旗下前海人寿及其一致行动人通过二级市场增持成为南玻 A 第一大股东,目前共持有南玻 A 股份的 25.77%。但我们并没有同时观察到接管威胁(控制权转让)实现改善公司治理、降低代理成本目的的前提条件:代理问题导致的股价被低估。从披露信息来看,南玻 A 近年来虽然业绩出现波动,但今年前三个季度的业绩为:营业收入为 22.94 亿元,同比增长 11.68%;归属于上市公司股东的净利润为 2.48 亿元,同比增长 31.71%。这在经济呈现"L"形下行的今天实属不易。因而,业绩表现差强人意、代理问题严重似乎并不能构成宝能系突然撤销董事会议案、血洗南玻 A 董事会的理由。我们看到,由于股权分散(缺乏实际控制人),公司控制权转让并没有像传统

从万科到阿里：
分散股权时代的公司治理

公司治理理论预期的那样，为我国上市公司带来公司治理改善和业绩提升，反而却出现了新第一大股东"血洗董事会"这样一个无论普通投资者还是管理团队都并不愿意看到的结果。在一定意义上，新的第一大股东"血洗董事会"式的公司控制权转让，成为习惯于"一股独大"公司治理模式的我国上市公司"仓促"进入分散股权时代被迫承担的制度成本。因此，公司治理理论和实务界未来有必要积极探讨进入股权分散时代我国上市公司的治理模式选择。

第二，成为第一大股东后一定需要重新改组董事会吗？

前面的分析表明，宝能系成为南玻 A 的第一大股东可能并非由于原管理团队存在严重的代理问题，而仅仅是由于缺乏实际控制人。抛开围绕股权激励计划的分歧，虽然宝能系指责南玻 A 前高管集体离职"蓄谋已久"，但前者看上去似乎更加"蓄谋已久"。否则，我们不会观察到第一大股东宝能系代表"粗暴"撤销正常的董事会原有议案，同时提出临时提案，更换董事长。那么，在成为第一大股东后一定需要重新改组董事会吗？

我们知道，现代股份公司由于借助资本社会化和经理人职业化实现的专业化分工，提升了企业效率，而成为人类历史上的一项伟大发明（巴特勒语）。一定意义上，所有权与经营权分离是现代股份公司的灵魂。当然，所有权与经营权分离会衍

第一篇
"万科股权之争"与我国资本市场分散股权时代的来临

生出代理问题,因而需要公司治理制度安排去克服,但这毕竟属于衍生出来的第二层次的问题,通过专业化分工实现的效率改善才是第一层次和根本性的问题。我们猜测,宝能系也许是资本运作高手,但并非是经营管理,特别是南玻A所在的建材行业的经营管理高手。而一个企业管理团队的成长往往依赖于独特企业文化、有效激励计划的长期培育。例如,阿里的高管几乎全部来自持有相同价值观同时受到股权激励计划激励的阿里的合伙人。在这一意义上,给定确保股东按时获得投资回报的公司治理制度安排,公司所需投资从哪个股东来其实并不重要。

在我们看来,由于缺乏实际控制人而成为新的第一大股东可能的正确做法是:主动提出针对管理团队和核心骨干的股权激励计划,给予管理团队和核心骨干充分的激励,而不是像目前一样被动地等待由管理团队自己提出。不要忘记,有时虽然看起来向管理团队支付了高的薪酬,但受到激励的高管团队往往会创造出更大的价值,因此这种付出反而是值得的。资本方应该始终保持对职业经理人的敬畏,否则,会成为另一种"致命的自负"。和管理团队一起分享企业发展的红利才是新的第一大股东的基本价值取向。

我们看到的一个与宝能系"血洗"南玻A董事会完全相反的例子是:持股比例高达34%的软银甚至放弃了阿里巴巴集

从万科到阿里：
分散股权时代的公司治理

团主要董事的提名权，将其交给了持股比例合计约 13% 的马云合伙人（马云本人持股仅 7%），但却从中赚得钵满盆满。因此，抛弃传统的股权至上，"谁是老板，谁是打工的"的界限分明的思维，在昔日的老板和打工仔之间建立长期合伙关系，实现合作共赢，应该成为我国上市公司未来应对分散股权时代公司治理挑战过程中思维模式转变的关键。

第三，在股权分散时代，应该如何为新的第一大股东设定提名董事的比例？

在公司治理实践中，通过金字塔结构最终所有者可以实现控制权和现金流权的分离。例如，在一个企业集团中，母公司对子公司持股 50%，子公司对孙公司持股 50%。虽然母公司对孙公司的现金流权只有 25%，但其对孙公司的控制权却是 50%。母公司由此可以利用上述控制权与现金流权利的分离通过关联交易、资金占用等对孙公司的资源进行隧道挖掘。这是在公司治理实践中需要独董对资金占用、资金担保、关联交易等事项出具独立意见背后的原因。事实上，除了金字塔结构，实现现金流权与控制权的分离还存在其他途径。其中，一个十分重要的途径就是，董事会中提名董事的比例和持股比例的差额。

从南玻 A 董事会的构成来看，9 名董事中除了 3 名独董，宝能系提名的董事多达 3 名，占到全部非独立董事的 50%，占

第一篇
"万科股权之争"与我国资本市场分散股权时代的来临

到全部董事的33%,超过宝能系实际的现金流权25.77%。这意味着,通过体现董事会决议实际影响力的提名董事比例与体现责任承担能力的现金流权的分离,宝能系在南玻A董事会相关决议中的权利和义务并不对称和匹配。为了避免今后并非由于严重的代理问题而"血洗"董事会的惨剧再次发生,也许上市公司的一个可能政策应对是,通过修改公司章程规定,通过在二级市场增持成为第一大股东,该大股东提名董事的比例应以其持股比例为上限。在一些股权分散的成熟的市场经济国家中,一个被认为是理想的董事会构成模式是除CEO外其他全部为外部董事。其背后所包含的合理性恰恰在于,这样可以确保所有权与经营权的分离,避免控制权转让带来企业经营的大幅波动。毕竟,上市公司的灵魂是控制权与经营权的分离。公众公司的股票每天都处于流动之中,只不过这次股票的流动相对集中一些。

第四,股权激励计划存在争议应该如何裁决?

从目前公开的信息看,宝能系与前南玻A管理团队的分歧在于管理团队酝酿提出的针对管理团队和核心技术骨干的股权激励计划。逻辑上和程序上,虽然需要与主要股东,特别是第一大股东进行协商,但获得股东大会的批准才是股权激励计划实施的关键。按照2016年新科诺贝尔经济学奖得主哈特的不完全合约理论,这是股东享有剩余控制权的体现。在目前的一

从万科到阿里：
分散股权时代的公司治理

股一票表决机制下，持股仅 25.77% 的宝能系是否必然能够否决相关议案存在不确定性。因此，当前南玻 A 管理团队与第一大股东围绕股权激励计划产生意见分歧时，管理团队首先应该想到的是可能扮演居中调节角色的股东大会。前南玻 A 高管团队应该提请并说服股东大会来批准股权激励计划（当然是否能说服其他董事同意提交股东大会讨论，同样存在不确定性）。但遗憾的是，习惯于"一股独大"治理模式、由大股东大包大揽惯了的其他散户股东根本不会意识到自己手中的股票除了变现外，还可以通过表决的方式来挽留一个看起来能够带来不错业绩表现的管理团队。我们理解，基于同样的想法和认识，南玻 A 管理团队在事件之初很轻易地放弃了召开特别股东大会的努力。

第五，国有股东在这次南玻 A 高管集体辞职事件中扮演怎样的角色？

作为国企的原第一大股东中国北方工业公司在成为第二大股东后，按照相关报道，在事件发生前的 11 月 8 日，还在减持股份，目前仅持有南玻 A 股份的 2.31%。按照"市值风云"形象的说法，"实业系股东忙于套现，资本系股东忙于举牌"，"已成为当前 A 股市场的一道风景"。中国北方工业公司的做法让我们联想到万科股权之争中的华润。我们看到，持股比例仅仅为 25.77% 的宝能系之所以不仅可以轻易否决（董事长提

第一篇
"万科股权之争"与我国资本市场分散股权时代的来临

议的)管理团队股权激励方案,而且可以"血洗"董事会,与第二大股东的"不作为"有关。被逼无奈的可怜散户只有通过"以脚投票"来保护自己。从目前的市场反映来看,11月17日(周四)南玻A股价早盘跳水5%,但午后,配合着已被辟谣的《告中国南玻集团全体员工书》和大手笔买单护盘,出现了一个涨停;在11月18日(周五)则再次观察到资金加速出逃的迹象。我们看到,当我国很多上市公司并没有完成相应的公司治理制度安排的相应调整,就匆忙进入股权分散时代时,无论董事会还是股东大会都没有成为避免类似"血洗"董事会事件发生,确保经营权与所有权分离的"防火墙",小股东在未来很长的一段时间依然是"待宰的羔羊"。

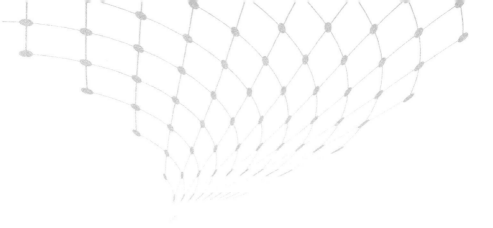

第二篇
国企改革与混合所有制

理解混合所有制*

最近频繁出现在媒体的混合所有制改革的相关报道再次激起了公众对国企改革的期待。那么，我们应该怎样理解新一轮国企混合所有制改革呢？

第一，混合所有制是国企改制"资本社会化"传统逻辑的延续。在过去一轮的混合所有制改革中，国有企业先后实行了股份合作制和企业集团部分控股公司上市等改制形式。股份合作制是通过雇员持股实现的，而上市则是通过公开发行股票实现的。如果我们把股份合作制的推行理解为资本在企业内部的"社会化"，部分国有企业上市则可以理解为资本在更大范围的"社会化"。目前大量的国有资产通过形成庞大的企业集团置于各级国资委主导的国有资产管理链条。处于金字塔末端的部分企业是已经完成"资本社会化"的上市公司，但在中

---

* 本文曾以"混合所有制改革应向美国学习"为题发表于《中国经营报》，2015年4月25日。

端和顶端还存在大量尚未完成资本社会化的国有企业。它们，以及其他未上市的国有企业或企业集团将成为新一轮混合所有制改革实施的重点。

第二，混合所有制是我国以市场作为资源配置的基础性制度初步建立条件下实现国有资产保值增值目的的重要手段。中国企业联合会、中国企业家协会前不久发布了2014年我国企业500强榜单。我们可以通过对500强企业的解读来管窥我国企业发展的现状。在500强中出现了43家亏损企业，其中只有1家是民营企业，国有企业成为"重灾区"；亏损企业主要集中在煤炭、钢铁、有色化工、建材、水上运输等领域；300家国有企业的亏损面高达14%，42家企业合计亏损726.6亿元，其中10家央企合计亏损385.7亿元；200家民营企业仅有1家亏损，且其亏损额只有5 000万元。上述数据表明，国有资产的保值增值压力山大。

第三，平抑公众对国资垄断经营和不公平竞争的不满和愤怒。部分盈利国企的高额利润与市场的垄断地位和由此形成的与民营企业的不公平竞争密不可分。而在新一轮混合所有制改革的开展中，民间资本有望"分一杯羹"。

第四，混合所有制改革旨在通过引入其他性质的股份，提高国有资本的运行效率。这主要通过两个途径来实现：其一是引入战略投资者，在实现融通资金的同时，延拓经营领域和范围。其二是有利于企业形成合理的治理结构。盈利动机更强的民间资本将有激励通过推动公司治理结构的变革和完善来保障自身权益。

第五，混合所有制改革将体现国有资产管理理念的革新——从经营企业到经营资本。目前国有企业的基本经营模式除了通过国有资产管理链条"管资本"外，还通过自上而下的人事任免体系和国企官员晋升考核事实上对企业经营产生实质性的影响。这使得国企的所有权与经营权无法真正分离，在企业组织形态上类似于基于家庭作坊的"新古典资本主义企业"。但传统的新古典资本主义企业由于所有权与经营权的统一不存在代理冲突，而国有企业则由于所有者缺位和长的委托代理链条，类似于存在代理冲突的"新古典资本主义企业"。现代股份公司可谓是人类最伟大的发明之一，人类历史近99%的财富创造是在近200年间完成的，其中现代股份公司这种企业组织形式功不可没。而现代股份公司区别于家庭作坊式的"新古典资本主义企业"的本质在于基于专业化分工思想的资本社会化和经理人职业化，通过所有权和经营权的分离，避免非专业的出资人对职业经理人经营管理决策的干预，以提升企业的运行效率。对于现代股份公司出现的所有权与控制权分离导致的代理问题，则要依靠公司治理结构的完善来解决，而不是退回到家庭作坊式的"新古典资本主义企业"。我们看到，

从万科到阿里：

分散股权时代的公司治理

目前"不仅管资本还要管企业"的国企既没有利用社会专业化分工提高效率，同时也没有很好地解决代理问题。在上述意义上，我国国企未来需要一场"现代公司革命"。

既然新一轮混合所有制改革承载着如此之多的期待，那么，如何才能真正实现"所有制的混合"呢？

一般而言，一项新的改革措施只有在成为"可自我实施"的制度安排（即纳什均衡）才能意味着取得根本成功。而一项可自我实施的制度安排需要满足两个基本条件。其一是民企以及除了国有资本外的其他社会资本（以下简称民间资本）通过成为国企的（财务或战略）投资者给他带来的投资回报将高于其他投资的回报（机会成本）。这是所谓的个体理性参与约束。由于民间资本可以利用混合所有制改革的契机参与并分享以往国有企业才能享有的高额垄断性利润，这个条件看起来似乎并不难满足。其二是国有资本与民间资本要激励相容。或者说，所有制的混合无论对国有资本还是民间资本都需要做到真正有利可图。国有资本最根本的利益是，促进国有资产的保值增值，以增进全社会的福利。我们知道，开展新一轮混合所有制的根本目的之一就是实现国有资本的保值增值，因而对于国有资本来说，"有利可图"是不言而喻的。而民间资本参与混合所有制改制的最大担心来自作为控股股东的国有资本对民间资本的可能侵吞和掏空。大量的研究文献表明，控股股东

第二篇
国企改革与混合所有制

会以关联交易、资金占用（应收、应付、其他应收、其他应付）和贷款担保等方式来对所控制的控股公司实现挖掘和掏空，从而使外部分散股东的利益受到损害。因此要使民营资本从资本的混合中同样"有利可图"，就需要建立平衡和保障不同性质股份利益的制度安排。对于民营资本而言，如果作为控股股东的国有资本能够做出不利用控股地位来侵吞、隧道挖掘民间资本利益的可置信承诺，民间资本就会从所有制的混合中"有利可图"，从而变得激励相容。当然，激励相容约束条件满足的前提是国有资本所做出的承诺必须是可置信的。因而，如何使国有资本所做的相关承诺变得可置信，就成为混合所有制改革成功的关键。

发生在2008年全球金融危机期间的美国政府救市实践，以及最近发生的阿里美国上市带来的新兴市场公司治理结构创新的思考，为我们进行混合所有制改革的相关制度设计带来启发。我们首先看美国政府救市实践。从动用财政资金对陷入危机的企业直接国有化，到持有不具有表决权的优先股，到仅仅为银行贷款提供担保，美国政府救市政策三个阶段变化的共同考量是如何避免政府对微观层面企业经营管理决策行为的干预，因为经营管理企业并不是缺乏当地信息的政府的专长。这被一些分析者认为是美国近年来经济强劲复苏的制度设计原因之一。阿里则通过推出类似于不平等投票权的合伙人制度在美

从万科到阿里：
分散股权时代的公司治理

国成功上市。那么，阿里股东为什么会选择放弃部分控制权，转而把更多的控制性权利交给以马云为首的合伙人？一个很重要的理由是，由于新兴产业的快速发展，很多业务模式投资者根本无法把握。此时把更多控制权交给具有信息优势、能有效把握业务模式的马云团队，而自身退化为普通的资金提供者，对于外部投资者而言显然是最优的。① 这是外部分散投资者基于新兴产业快速发展和对于业务模式的信息不对称的现状做出的理性选择。

上述实践带给国企混合所有制改革的直接启发是，也许国有资本可以考虑向美国政府和阿里股东学习，通过持有（附加一定条件同时达到一定比例的）优先股来向民间资本做出排除隧道挖掘、直接干预和经营企业的庄重承诺，以此更好地实现国有资产的增值和保值目的。

按照上述模式完成混合所有制改革后，国有资本运行机构将根据上市公司过去的业绩表现和公司治理状况增持或减持优先股，来引导市场对上市公司的评价。这是通过标准的市场行为而不是行政途径来向上市公司施加改善业绩表现和公司治理的"外在"压力。国有资本由此扮演着没有表决权的"机构投资者"的积极股东角色。董事会由具有表决权的其他外部股

---

① 参见郑志刚，"阿里上市启示录"，《21世纪商业评论》，2014年第23期。

第二篇
国企改革与混合所有制

东选举产生,并成为公司治理的真正权威。公司高管则由董事会从职业经理人市场聘用。除了内部治理机制,混改后的公司还要借助严格信息披露等市场监管、法律对投资者权利保护举措(举证倒置、集体诉讼)的推出以及媒体监督、税务实施等法律外制度共同形成公司治理的外部制度环境。

可以预料到的是,在实际的混改过程中会遇到各种潜在的问题。其中十分突出的问题有两个。第一,在资本市场资源配置能力和途径存在限制的条件下,谁应该首先成为资本社会化的对象?如何公平地实现"资本社会化"?在没有做好充分准备的情况下盲目进行混改,必然会引致暗箱操作下的资产流失和设租寻租行为。对于这一问题,借助媒体等外在监督下的公开招投标,甚至大力反腐或许能够成为有效的对策。其中利用现有资本市场的资源配置能力的整体上市是可行的选择之一。第二,国有资本的代理人问题。国有资本最根本的利益无疑是前面提及的国有资产的保值增值,以增进全社会的福利,但国有资本代理人的利益则可能是寻租设租。因此国有资本的代理人会成为混合所有制改革推进重要的阻力之一。而对这一问题的解决则有赖于不断建立和完善民主科学、公平正义的决策机制和决策环境。

国有企业未来需要一场
"现代公司革命"*

对国有企业改革背后逻辑的梳理离不开对现代股份有限公司兴起的历史回顾。

在现代股份有限公司出现之前,流行的企业组织方式是被称为"新古典资本主义企业"的家庭手工作坊。这一企业组织形态的典型特征是,所需资金主要来自家庭积累,作坊主既是所有者又是经营者,以家庭全部财产甚至未来子孙财产承担无限连带责任,以父子传承的学徒式方式实现有限的知识更新、创新和传播。我们看到,家庭手工作坊的出现是手工业从传统农业中分离出来这一社会分工的产物,其背后是人类在资源稀缺的前提下为了改善资源配置效率进行专业化分工的逻辑。即使在被认为是沉睡千年的"东方帝国"的我国,在明

---

* 本文曾以"国有企业未来需要一场'现代公司革命'"为题发表于《经济观察报》,2016 年 5 月 2 日。

清时代也已出现被称为"资本主义萌芽"的家庭手工作坊。应该说,新古典资本主义企业对于工业革命开始之前人类文明的传承和演进扮演了十分重要的历史角色。

人类文明演进的步伐随着工业革命的发生和现代股份有限公司的兴起而被再次提速。1602年东印度公司在荷兰成立。东印度公司的出现标志着企业发展所需要的外部融资的实现除了可以承诺偿还本金和利息进行借贷外,还可以风险共担的股份公司的组织来实现。伴随着现代股份有限公司在西方逐步取代新古典资本主义企业成为占据主导的企业组织形式,建立在高度专业化分工的基础上、以社会化大生产为特色的现代西方文明快速崛起。

现代股份有限公司对人类文明的贡献由于20世纪二三十年代突如其来的全球经济大萧条和理论实务界对大萧条的反思而忽略。其中最具代表性的是Berle和Means所著的《现代公司和私有财产》(1932)一书的出版。按照Berle和Means(1932),"随着公司财富的所有权变得更加广为分散,对这些财富的所有权与控制权已经变得越来越少地集中于同一个人之手。在公司制度下,对行业财富的控制可以而且正在被以最少的所有权利益来完成。财富所有权没有相应的控制权,而财富的控制权没有相应的所有权,这似乎是公司演进的逻辑结果"。外部分散股东由于无法有效地行使控制权,放任职业经理人挥霍,使

从万科到阿里：
分散股权时代的公司治理

股东蒙受巨大损失，由此"对过去三个世纪赖以生存的经济秩序构成威胁"。理论界和实务界从此将更多目光投向现代股份有限公司由于所有权与经营权分离所产生的代理冲突。从代理问题这一被认为是现代股份有限公司的痼疾出发，强调"对控制权占有"的逻辑逐渐代替强调"专业化分工"的逻辑而成为现代股份有限公司的"主流意识形态"。

那么，应当如何评价现代股份有限公司呢？马克思曾经说过："假如必须等待积累去使某些单个资本增长到能够修筑铁路的程度，那么恐怕直到今天世界上还没有铁路。但是，集中通过股份公司瞬间就把这件事完成了。"① 作为筹集大量资金的一种标准方式，现代股份有限公司突破了家庭财富的限制，实现了在全社会范围内的资金融通和风险分担，从而使经营者专注于经营管理与技术创新本身，由此出现了资本提供者与经营管理者之间的分工。这事实上是马克思感慨"资产阶级在它的不到一百年的阶级统治中所创造的生产力，比过去一切世代创造的全部生产力还要多，还要大"的背后原因。

美国加利福尼亚大学伯克利分校经济学家德隆（Delong）的一项研究表明，从 250 万年前的旧石器时代至今，在 99.99% 的时间里，世界人均 GDP 基本没什么变化。但在过去

---

① 马克思：《资本论》（第一卷），人民出版社 2004 年版，第 724 页。

的 250 年中,突然有了一个几乎是垂直上升的增长。应该说,这 250 年中人类文明史上奇迹的出现,现代股份有限公司功不可没。正是在上述意义上,经济学家巴特勒把"股份有限责任公司"理解为"近代人类历史中一项最重要的发明",强调,"如果没有它,连蒸汽机、电力技术发明的重要性也得大打折扣"。我们看到,区别于"新古典资本主义企业"的现代股份有限公司在实现了资本社会化的同时实现了经理人的职业化,其背后的逻辑依然是当年家庭手工作坊从传统农业社会分离出来的专业化分工。

总结企业组织形式的演进历史,我们可以按照两个维度将现有企业总结为如表 1 所示的四种类型。其中,第一个维度是按照专业化分工程度,我们可以区分为低的专业化分工程度和高的专业化分工程度这两种企业组织类型。第二个维度是按照代理问题是否严重而将企业划分为代理问题不严重和代理问题严重两类。

表 1 按专业分工程度与代理严重程度划分的企业类型

	低的专业化分工程度(既管资本又管企业)	高的专业化分工程度(外部融资实现、社会风险共担、经理人职业化)
代理问题不严重	家庭手工作坊(新古典资本主义企业)	建立良好公司治理结构的现代股份有限公司
代理问题严重	国有企业(长的委托代理链条与所有者缺位)	尚未建立良好公司治理结构的股份有限公司

从万科到阿里：
分散股权时代的公司治理

处于表1左上角的是专业化分工程度低，但代理问题并不严重的企业类型。家庭手工作坊是这类企业组织形式的典型例子。我们看到，在家庭手工作坊，作坊主既是所有者同时也是经营者。由于将作坊主这一自然人与企业捆绑在一起，一方面，作坊主将以全部身家甚至波及子孙后代来承担无限连带责任，同时受到资金规模的限制，在经营风格上往往趋于保守；另一方面，家庭手工作坊往往受到作坊主个人的管理经验、知识眼界，甚至生命周期的限制，一荣俱荣，一损俱损。因而该类企业组织形态的专业化分工程度较低，生产效率相应较低。但由于家庭手工作坊的所有权与经营权是统一的，并不存在外部职业经理人与股东之间的代理冲突，因而代理问题并不严重。

处于表1右下角的是专业化分工程度高，但代理问题严重的企业类型。在20世纪二三十年代的美国最大的200家大众公司中，很多公司都属于这种类型。在这200家公司中，由大股东拥有并控制的公司不到5%，占公司数量44%、占财产总额58%的公司由所有权相当分散的少数股东和管理者拥有。然而这些公司在实现了资本社会化与经理人职业化的同时，并没有形成合理的治理结构。这些公司"代理问题严重"的缺陷在20世纪二三十年代发生的经济大萧条中得到集中的爆发，很多企业被迫破产倒闭。它们的故事不幸成为后来Berle和

Means 提出的著名"担心"的佐证。

处于表 1 右上角的是专业化分工程度高,但代理问题并不严重的企业类型。在这些公司中,一方面是资本社会化与经理人职业化为特征的高度专业化分工;另一方面则通过基于绩效的经理人薪酬合约设计与股票期权激励计划的推出,规模较小,以外部董事为主(甚至除了 CEO 为唯一内部董事外,其余均为外部董事),董事长与 CEO 两职分离的董事会的构建,同时加强保护投资者权利的法律制度和法律外制度的制度环境的建设,来解决经理人与股东之间的代理冲突。经过从 20 世纪二三十年代开始的近百年的无数次公司治理革命的洗礼,逐步建立起良好公司治理结构的现代股份有限公司是这方面典型的例子。这些公司组织形式在继承了现代股份有限公司专业化分工的传统优势的同时,通过合理治理结构的构建,缓解了存在代理冲突的劣势,一定程度上解决了 Berle 和 Means 的"担心",成为引领社会发展与时代进步的稳定的企业组织形式。但需要提醒读者注意的是,时至今日,上述公司虽然成为现代股份有限公司发展的典范,但这并不意味着所有的公司治理问题已经得到有效解决。在 21 世纪初安然等会计丑闻发生后,Rajan 和 Zingales(2003)即提醒我们,"即使在今天,公司治理仍然大有可为"。

从两个维度、四种企业类型的分类来看,处于表 1 左下角

从万科到阿里：
分散股权时代的公司治理

的企业一方面所有权与经营权没有有效分离，既管资本又管企业，专业化分工停留在低级阶段；另一方面则代理问题严重。对照我们目前的国有企业，它恰恰同时具备了上述两个特征。我国中央和地方政府除了通过国有资产管理链条"管资本"外，还通过自上而下的人事任免体系和对国企官员晋升考核事实上对企业经营产生实质性影响。此外，除了通过生产经营创造利润，国企还需要承担包括稳定物价、促进就业，甚至维护社会稳定等社会责任，使国企置身于多任务、多目标等经营管理状态。上述种种"管人、管事、管资产"的制约和限制使得国企所有权与经营权无法真正分离，在企业组织形态上十分类似于"新古典资本主义企业"。正是由于上述经营权与所有权混淆的状况，预期代表股东来监督 CEO 的国有企业董事长在我国公司治理实践中演变成为事实上的 CEO。与此同时，由于大家所熟知的国有企业"所有者缺位"和"长的委托代理链条"问题，国有企业形成以董事长为核心的内部人控制格局，代理问题严重，公司治理丑闻层出不穷，屡见不鲜。因而，国有企业既没有摆脱"家庭手工作坊式"的控制权对经营权的干预，无法利用社会专业化分工提高效率，又没有很好地解决家庭手工作坊并不存在的代理问题，使得国有企业看上去像是存在代理问题的"新古典资本主义企业"。

回顾企业的发展历史，我们看到，从家庭手工作坊到现代

第二篇
国企改革与混合所有制

股份有限公司的兴起，再到良好公司治理结构的构建，现代股份有限公司演进背后的最核心和基本的逻辑是专业化分工。作为现代公司的组织形态之一，国有企业的改革应该遵循上述逻辑，而不是违反它。

在未来国有企业改革的路径选择上，上述现代股份有限公司的历史回顾和逻辑总结带给我们的启示是：第一，专业化分工与公司治理完善是处于现代股份有限公司演进过程中两个不同层次和阶段的问题。专业化分工是现代股份有限公司的灵魂和精髓，是第一层次的问题。而作为实现专业化分工代价引发的职业经理人与股东之间的代理冲突是衍生出来的第二层次的问题。在理论和实践中，应该避免将更为基本的专业化分工问题与解决代理问题的完善公司治理结构混淆起来，简单用完善公司治理结构的提法和实践来代替基于专业化分工构建真正意义上的现代股份有限公司。因此，最近国有企业改革的相关文件中提出"从管企业到管资本"是一个意义十分重大的进步，因为它遵循了现代企业演进的内在逻辑，抓住了问题的根本。

第二，专业化分工与公司治理结构完善是处于现代公司发展不同层次和阶段的问题，这决定了国有企业的未来改革将具有鲜明的阶段特征。在国有企业改革的第一阶段，首先应该解决的是处于第一层次的专业化分工问题，即从原来"管人管事管资本"的管企业革新为只管资本，使经营权真正落实到从市

从万科到阿里：
分散股权时代的公司治理

场产生的专业经营管理团队，实现经营权与所有权的真正分离。在国有企业改革的第二阶段，在保证国有企业成为所有权与经营权真正分离的现代股份有限公司的基础上，进一步通过完善公司治理结构来解决第二层次由于所有权与控制权分离导致的代理冲突问题。毕竟，经理人与股东之间的代理冲突是由第一层次专业化分工问题衍生出来的第二层次的问题。换句话说，虽然亚当·斯密曾经提醒我们"作为其他人所有的资金的经营者，不要期望他会像自己所有的资金一样获得精心照顾"（Adam Smith，1776），但并不意味着我们由此凡事亲力亲为，甚至抛弃专业化分工所带来的巨大效率改善。

第三，对于现实中突出的国有资产流失等公司治理问题，上述讨论的重要政策含义是，我们应该依靠加强信息纰漏等，形成合理公司治理结构来解决国有资产流失问题，而不是以牺牲专业化分工，强调"控制权的占有"，简单从所有权与经营权分离的现代股份有限公司退回到既管资产又管企业的新古典资本主义企业了事。

反思近代以来曾经辉煌一时的东方文明在新兴的西方文明的映衬之下显得黯然失色背后的原因，我们看到，违反现代企业演进逻辑的落后企业制度无疑是重要的原因之一。事实上，早在明清时代的山西票号经营中我国已经出现作为职业经理人的"掌柜的"和作为股东的"东家"分工的雏形；甚至设立于清末洋务运动时代在全社会范围"招商引资"的轮船招商局成为在我国近代第一家现代意义上的股份有限公司。但由于强调对控制权的占有,早在1872年设立的轮船招商局虽然使"中国人从此有了自己的蒸汽轮船",但并没有使我国借助现代股份有限公司实现更深层次、更广范围的专业化社会大分工,保持与现代文明进程的亦步亦趋。

因此,我国国有企业未来需要一场"现代公司革命",通过从管企业到管资本,使经营权真正从所有权中分离出来。

完善治理结构：国企薪酬问题的根本出路*

2008年全球金融危机爆发，在公司高管超额薪酬问题凸显的背景下，我国政府多次出台国企高管限薪政策。最新的高管限薪政策是2014年11月以"中办"名义印发的《关于深化中央管理企业负责人薪酬制度改革的意见》。

纵观新一轮的国企高管限薪政策，其显著特征可以概括为"以上年度央企在岗职工年平均工资作为参照系"和"限薪的实施以'中办'名义印发文件自上而下推进"两个方面。虽然上述限薪政策主要针对央企组织任命负责人，但由于所谓"组织任命负责人"和"职业经理人"的边界模糊和相关传染外溢效应，上述实践毫无疑问会对我国国企经理人薪酬设计实践产生重要的影响。

从泰罗科学管理时代开始，在经理人（职能工长）薪酬

---

* 本文曾以"国企薪酬问题根本出路"为题发表于《董事会》，2015年第11期。

第二篇
国企改革与混合所有制

制定上始终困扰人类的难题是,对于经理人的努力程度,只有经理人自己知道,股东不仅在法律上无法证实,甚至有时无法观察。因而经理人与股东关于经理人努力程度的信息分布是不对称的。由于经理人努力程度的上述私人信息特征,我们看到,泰罗事实上无法真正做到"科学定额"和"标准化",否则泰罗所自认为的"科学定额"就不会被马克思指责为"资本家对工人的剥削"了。出于同样的原因,马克思也无法基于社会必要劳动时间等抽象的概念来准确界定劳动力这一特殊商品的价值,毕竟对于这一概念所依赖的"现有社会正常的生产条件""社会平均的劳动熟练程度和劳动强度"等在资本家与工人之间同样无法基于充分的信息形成一致的认识。因此,无论泰罗科学管理理论还是马克思的剩余价值理论事实上都无法完成经理人薪酬合约的科学制定。

这一问题直到20世纪70年代基于现代博弈论的信息经济学的发展成熟才大为改观。前面提到,股东通常无法识别企业经营状况不好是由于外部经营环境的恶劣,还是由于经理人的偷懒,因此,在(具有努力程度的私人信息的)经理人和外部分散股东之间存在信息不对称。信息非对称带来的经济后果是经理人会存在道德风险倾向:既然股东对经理人努力不可证实,甚至不可观察,在给定(平均)的薪酬水平下,经理人会选择偷懒,以减少自己的负效用。需要说明的是,与马克思

从万科到阿里：
分散股权时代的公司治理

关注资本家对工人的剥削问题不同，信息经济学里关注的是具有私人信息的经理人的偷懒问题。

那么，如何对不可证实，甚至不可观察的经理人努力程度进行激励呢？在信息经济学看来，虽然经理人努力不可证实，甚至不可观察，但如果能够将经理人的薪酬与可证实的一种直接机制（例如企业绩效）挂起钩来。只有在企业绩效好时，经理人才有望拿到高薪酬。而为了出现良好绩效，经理人则需要努力工作而不是偷懒。我们看到，通过将经理人薪酬设计与可证实的企业绩效直接挂起钩来，信息经济学一定程度解决了经理人与股东围绕经理人努力程度的信息非对称这一难题。改革开放以来，我国农民从"人民公社"到"联产承包责任制"，工人从"大锅饭"到"绩效工资"事实上无一例外地遵循着上述逻辑。

一个科学制定的经理人薪酬合约除了要与企业绩效挂钩，还需要满足两个基本的约束条件。其一是参与约束（或个体理性约束），即经理人从接受公司聘用可以获得的薪酬应该不少于其他任职机会带给他的薪酬。这一条件考量的是经理人接受该公司聘用的机会成本。其二是激励相容约束条件，即通过向经理人支付激励薪酬方式协调二者的利益冲突过程中，不仅对股东而言最优，而且对经理人而言也是最优的。或者说，看起来股东向经理人支付了高的激励薪酬，但受到激励的经理人的努力工作最终为股东创造了更大的价值。股东在获得的投资回报与支付经理人薪酬的平衡后实现了股东价值最大化。而经理人则通过获得高的激励薪酬与努力付出的负效用的平衡同时实现了经理人效用的最大化。二者通过经理人薪酬合约的设计达到双赢（纳什均衡）：股东借助经理人的专业知识创造财富，而经理人则通过股东提供的事业平台实现人生价值。我们看到，由于经理人对私人信息的控制，为了使经理人说真话，股东需要向经理人支付（与机会成本相比）更高的工资。信息经济学把上述与信息控制相关获得的非生产性溢价称为信息租金。

简单对比新古典经济学与信息经济学经理人薪酬设计思想的差异，我们看到，基于信息对称的新古典经济学认为工资是（经理人）劳动力的价格和人力资本付出的补偿；而基于信息不对称的信息经济学则强调经理人薪酬除了补偿人力资本付出（个体理性约束的体现）外，还应包含为了鼓励"说真话"的信息租金（激励相容约束的体现）。因而，经理人薪酬合约设计的一个新功能是向经理人提供激励，而不仅仅是人力资本付出的补偿。

基于信息经济学的经理人薪酬设计思想给予我们的直接启发如下：

第一，在评价经理人薪酬是否合理的问题上，基准是经理

从万科到阿里：
分散股权时代的公司治理

人为企业创造多少价值，而不是其他。原因是股东对经理人努力程度的信息不完全是开展经理人薪酬合约设计的逻辑和事实出发点。如果一家企业的绩效与另一家企业不同，该家企业经理人薪酬就有理由与另外一家企业的不同。除了企业绩效，经理风险态度、外部经营环境的不确定性、企业规模和所处产业的竞争程度等都会显著影响经理人的薪酬水平和薪酬结构。如果一家企业所处的行业与另一家企业不同，该家企业经理人薪酬就有理由与另外一家企业的不同。在实践中，经理人激励强弱是依据经理人薪酬绩效敏感性来判断。有研究表明，美国企业绩效与CEO薪酬的敏感度为1 000∶6，即股东权益每提高1 000美元，则CEO可以获得6美元的激励报酬；而美国银行业CEO薪酬与企业绩效的敏感度仅为1 000∶4.7。这是由于银行业的高风险和受到高度监管的特征使银行业的报酬绩效敏感度通常低于制造业等其他行业。

这提醒理论界与实务界应该重新思考新一轮高管限薪"以上年度央企在岗职工年平均工资作为参照系"的合理性。毕竟，现在高管与在岗职工的关系不同于泰罗科学管理时代的"职能工长"与工人的关系，何况信息经济学的发展告诉我们，经理人薪酬合约设计解决的核心问题是经理人努力的信息不完全。因而"央企在岗职工年平均工资"能否代替企业绩效成为评价经理人薪酬合理性的基准值得怀疑。而"央企在岗

第二篇
国企改革与混合所有制

职工年平均工资"又是基于何种基准或因素确定的,其理论基础和现实依据是什么等一系列问题则更加令人疑惑不解。

第二,基于信息经济学的经理人薪酬合约设计事实上所包含的另一个重要思想是当信息不完全时应该由更具信息优势的一方来主导合约的设计和实施。例如,由于作为公司治理核心的董事会在评价企业绩效等问题上更具信息优势,因而在公司治理实践中经理人薪酬设计和实施通常是由董事会(薪酬委员会)来完成。这充分体现了现代组织授权结构与信息结构相匹配的原则。而目前新一轮高管限薪由不具有信息优势的政府部门来主导薪酬制定则显然违背上述原则。用哈耶克的话说,这是"致命的自负"。上述两个启发同时构成现代公司经理人薪酬合约设计所应遵循的基本原则。

在实际的高管限薪推进过程中,理论界与实务界还应特别关注以下问题。

第一,显性薪酬的限制会使经理人去追求隐性薪酬。"一刀切"的限薪除了不可避免地导致管理人才的流失外,还会诱发经理人更多地从谋求显性薪酬到谋求隐性薪酬。有时由此显著增加了的代理成本甚至远远超过通过高管限薪节省了的成本,反而使股东得不偿失。而当隐性薪酬遭受政府强力反腐也不可得时,国企高管各种所谓的懒政、庸政和惰政就会纷至沓来。因此,我们需要清楚地意识到,有时看起来向经理人支付高的薪酬增加了企业的成本，但如果通过经理人薪酬增加使企业实现更大的价值提升则是完全值得的。

第二，如何兼顾经理人薪酬设计中的效率与公平问题。不难发现，新一轮高管限薪方案中高管薪酬之所以以央企在岗职工年平均工资作为参照系，背后有公平因素的考量。前面的分析表明，经理人薪酬中除了经理人人力资本的补偿，还包含支付信息租金的激励因素，此外还是"企业家精神"的体现，因此不能简单地通过与普通雇员平均工资相比来体现公平。在处理效率与公平问题时，以牺牲太多效率为代价来实现有限的公平往往事倍功半。事实上，限薪并非实现公平的唯一手段，通过税收调节等手段实现公平目标似乎更加有效。

第三，如何解决部分上市公司出现的经理人超额薪酬问题。很多研究表明，我国部分上市公司确实存在经理人超额薪酬现象。但解决经理人超额薪酬的正确思路不是通过政府部门一刀切的限薪，而是通过监管当局要求更具有当地信息的上市公司董事会（薪酬委员会）对经理人薪酬的自查实现。在这个自查过程中，董事会应以经理人薪酬绩效敏感性作为评价基准。如果企业绩效下降，而经理人薪酬却在增加，显然是不合理性的薪酬设计，应该予以纠正。

事实上，经理人超额薪酬的出现恰恰是公司治理结构不合理的证据，需要通过完善公司治理结构来实现，而不是通过，也不可能通过简单限薪来加以解决。

国企混改，我们应该期待什么样的员工持股方案？*

日前，国资委、财政部和证监会联合下发了《关于国有控股混合所有制企业开展员工持股试点的意见》（以下简称《试点意见》）。作为国有企业混合所有制改革的重要配套措施，理论和实务界对《试点意见》充满期待。那么，我们应该期待什么样的员工持股方案呢？

第一，员工持股方案应该鼓励持股员工通过适当的公司治理制度安排成为公司真正的"主人翁"。我们知道，员工持股计划与传统绩效工资等薪酬激励相比的优势，是将员工的回报与企业的长期发展捆绑起来，使员工更加关注企业长期绩效，避免追求短期利益而损害企业的长期利益。员工在多大程度上可以决定他未来对企业长期绩效的分配很大程度上与公司治理

---

* 本文曾以"国企混改，我们应该期待什么样的员工持股方案"为题发表于财新网，2016年8月22日。

从万科到阿里：

分散股权时代的公司治理

制度安排有关。例如，员工持股达到一定比例后是否可以具有推荐董事的权利？特别地，是否允许以累积投票权的方式选举代表自己利益的董事？如果推荐的董事不能保护持股员工的利益，如何罢免并选举新的董事？然而，从目前的方案看，对这一至关重要的问题《试点意见》却语焉不详。特别是，管理层由于往往被上级任命，按照《试点意见》不属于员工持股方案的对象，而允许持股的员工却没有相应的公司治理制度安排来保障自己的权益。如同把自己的命运交给未必真正关心自己利益的其他人一样，我们看到，对上述公司治理制度缺乏明确表述不仅有违员工持股计划推出的本意和初衷，而且适得其反。这不能不说是《试点意见》的重要缺憾。

第二，员工持股方案应该鼓励社会资本参与国有企业的混合所有制改革。受到（员工持股计划）充分激励的员工当然是吸引社会资本参与国企混改的原因之一。但毫无疑问，员工持股后将使社会资本陡然间增加了不得不面对的股东，何况这些股东并非普通的财务投资者，而是十分重要的利益相关者。因此，员工持股计划是在已经实行混改后，由代表不同股东利益的董事会根据员工激励现状（例如，董事会经过科学评价认为传统的"基薪+与绩效挂钩的绩效薪酬"不足以向员工提供充分的激励）的需要推出，还是首先推出员工持股然后再引进社会资本进行混改，值得商榷。一个可能的结果是，由于员工持股计划的推行使得很多原来准备进入国企的社会资本望而却步。除非持股员工本身就是国企混改方案设计者心目中理想的混改对象。

第三，员工持股方案标的的重点应该是国企存量部分。众所周知，国企具有吸引力和存在潜在问题的地方主要集中在存量部分。而这次《试点意见》一方面强调增量引入，主张采取"增资扩股和出资新设"方式开展员工持股；另一方面却强调员工持股不是无偿获得，"员工入股应主要以货币出资，并按约定时间及时缴纳"。同时规定，试点企业"不得向持股员工提供垫资、担保、借贷等财务资助"。容易理解，一个需要"出资新设"的项目未必是员工感兴趣的项目；同样重要的是，是否有必要通过员工持股来将并非项目实施人员的员工与公司新投资项目的股东的利益捆绑在一起本身值得怀疑。因为如果员工对某一项目感兴趣，完全可以通过资本市场直接购买类似项目的股票即可。我们同样担心的是，如果上述方案做实，最终可能出现的结局是，员工感兴趣的标的（例如国企存量部分）不允许持股，而允许持股的标的员工却未必感兴趣。这可能使得员工持股变为国企混改方案设计者"一厢情愿"的事。

第四，员工持股方案应该改善传统薪酬分配方案的激励效果。理论上，员工持股方案既可能成为传统薪酬方案的补充，也可能成为具有一定替代性的方案。这意味着在推出员工持股方案之前我们需要审慎地评价目前实行的员工薪酬方案。例如，目前的员工薪酬是否已与绩效密切挂钩？是否实现多劳多得、少劳少得和不劳不得？如果目前差的绩效表现仅仅由于传统激励方案设计不合理和冗员过多，这显然并不能构成推行员工持股计划的充足理由。

第五，员工持股方案应该具有合理的退出机制。我国国企改革历史上曾经推出的职工股份合作制就是由于无法合理解决职工持股的退出问题而无疾而终。除了允许激励对象以规定的价格购买公司股票，标准的股权激励计划往往规定，在锁定期结束后，激励对象有权利将股票在市场上出售。员工之所以愿意持有本公司的股票正是看到了分红，特别是锁定期结束后变现的权利。这使得股票具有良好流动性的公众公司成为推行雇员持股计划的主体。《试点意见》规定，"持股员工因辞职、调离、退休、死亡或被解雇等原因离开本公司，应在 12 个月内将所持股份进行内部转让；转让给持股平台、符合条件的员工或非公有资本股东的，转让价格由双方协商确定"。同时规定，"转让价格不得高于上一年度经审计的每股净资产"。这意味着，持股的员工未来可能会在给定的有限"市场"，以并不太多的议价空间进行股份转让。这使得员工持股对于部分由于外部原因不得不进行工作转换的员工而言变得并没有太多的

第二篇
国企改革与混合所有制

诱惑力。更加糟糕的是，这一政策的执行甚至会出现一定程度的逆向选择效应：真正有能力的人害怕被绑定而不愿意接受员工持股计划，而接受员工持股计划的往往是能力不强的人。

刚刚出台的《试点意见》由于上述以及其他本文没有提及的不尽如人意之处必将饱受争议，相信这一点同样在政策制定者的预料之中。我们理解，政策制定者之所以强调在正式政策出台之前必须经过试点阶段，其初衷正是在于在问题大规模暴露之前发现苗头，及时总结经验和教训。希望我们对员工持股计划《试点意见》的上述期待和担忧能够提醒相关政策制定者及时发现问题，推出切实有效可行的员工持股方案来，以扎实推进我国的国有企业混合所有制改革。

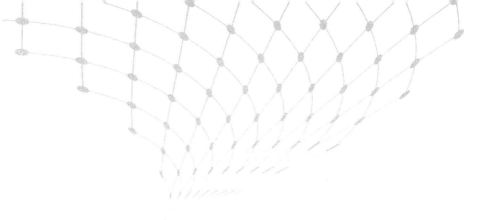

第三篇
对产权内涵的重新认识

哈特的不完全合约理论与"现代股份公司之谜"*

"股份有限责任公司"被经济学家巴特勒理解为"近代人类历史中一项最重要的发明",这是因为在过去的250年中人类财富"几乎是垂直上升的增长"(Delong & Maddison)是与股份有限公司的出现联系在一起的。巴特勒强调,"如果没有它,连蒸汽机、电力技术发明的重要性也得大打折扣"。而马克思则指出,"假如必须等待积累去使某些单个资本增长到能够修筑铁路的程度,那么恐怕直到今天世界上还没有铁路。但是,集中通过股份公司瞬间就把这件事完成了"①。

对于作为人类历史上伟大发明的股份有限责任公司的出现,以往学者从风险分担,以及借助股份有限责任公司实现的资本社会化与经理人职业化的专业化分工带来的效率提升来解

---

* 本文曾以"哈特的不完全合约理论与'现代股份公司之谜'"为题发表于财新网,2016年10月10日。

① 马克思:《资本论》(第一卷),人民出版社2004年版,第724页。

从万科到阿里：
分散股权时代的公司治理

释。但上述视角始终不能解释为什么外部分散投资者愿意把自有资金交给陌生的经理人来打理。更何况 Berle 和 Means（1932）明白无误地指出，由于外部分散股东将面临职业经理人挥霍的公司治理问题，将使股东蒙受巨大损失，不仅"对过去三个世纪赖以生存的经济秩序构成威胁"，同时成为 20 世纪 20 年代末大萧条爆发的重要诱因之一。我们一定程度上可以把上述问题概括为"现代股份公司之谜"。

直到哈特与他的合作者 Grossman 和 Moore 等共同发展了不完全合约理论，才对投资者为什么愿意出资组成股份公司并聘请职业经理人的"现代股份公司之谜"给出了系统一致的解释。在哈特等看来，组成股份公司的外部分散股东和经理人在签订合作协议时或者由于对未来可能发生的重大资产重组和经营战略调整难以充分预期，或者即使可以预期，但考虑到做出详尽规定付出的巨大签约成本，因而在合约中无法对未来无法预期的情形发生时双方的权利和义务做出严格详尽的规定，使所签订的合约看上去总是不完全的。

那么，合约不完全将带来什么危害呢？我们通过在煤矿附近建立"坑口电站"这一例子来说明。将山西、陕西和内蒙古等内陆产煤大省所产出的煤炭通过铁路、公路运往东部沿海城市供当地电厂发电使用，运输成本无疑将在煤价（从而最终的电价）中占比很大。但如果将沿海地区的电厂搬迁或者新建

第三篇
对产权内涵的重新认识

到煤矿附近，建立所谓"坑口电站"，把煤就地转化为电，再通过高压输电线将电输送到沿海地区，则建立在新材料发明和技术进步基础上的上述新的能源传输方式将大大节省运输成本。从整个社会看，建设"坑口电站"与之前通过铁路、公路将煤炭运输到东部沿海城市供当地电厂发电是一种帕累托改进。然而，上述效率改善有时并不容易实现。原因是当一个电厂搬迁或新建到煤矿所在地建设"坑口电站"时，构成了一项专门用于电厂建设的专用性投资。如果电厂和内陆省份所签订的合约不完全，进行这项专用性投资的电厂一旦搬迁后将面临煤矿的"敲竹杠"行为。例如，煤矿会以生产成本上升为借口要求提高煤价。而电厂一旦把厂址搬迁过来，完成这项专用性投资后，就只能被动接受煤矿的上述机会主义行为。预期到由于合约的不完全，在厂址搬迁后将面临煤矿的"敲竹杠"，电厂显然并不情愿进行厂址的搬迁或新建，尽管厂址搬迁或新建能带来社会效率的改善。这里我们看到，合约不完全的直接后果是，事前进行专用性投资的一方投资激励不足，导致潜在的效率损失。

我们看到，类似于厂址搬迁这一专用性投资，在决定是否组建现代股份公司的一刻，无论是外部投资者还是职业经理人都无法预期企业未来是否会发生重大资产重组和经营战略的调整。由于合约不完全，一旦投资，外部投资者将像进行厂址搬

从万科到阿里：
分散股权时代的公司治理

迁的电厂一样，遭受实际控制公司的职业经理人类似的"敲竹杠"的机会主义行为。例如，经理人可能通过资产重组掏空投资者投资的公司资产。预期到这一点，投资者显然并不愿意投资该公司，这使得利用资本社会化和经理人职业化提升效率的现代股份公司无法形成。

那么，如何解决由于合约不完全导致的专用性投资一方事前专用性投资激励不足的问题呢？哈特等发展的不完全合约理论告诉我们，通过适当的控制权安排，使进行专用性投资一方对（不完全）合约中尚未规定或涉及的事项拥有最后的裁决权，将形成对其事前进行专用性投资的激励。需要说明的是，这里的控制权在内涵上虽然十分类似于法学上的产权概念，但其更为准确的经济含义是作为不完全合约"补充条款"的剩余控制权以及与剩余控制权相匹配的剩余索取权。所谓的剩余索取权，是指最终控制人将拥有对扣除固定的合约支付（例如雇员的薪酬、银行贷款的利息等）后企业收入剩余的要求权。受益顺序排在合同支付者之后，决定了最终控制人享有剩余索取权的实质是承担企业生产经营的风险。显然承担风险的剩余索取权并不是控制权安排的核心，形成专用性投资一方专用性投资的真正激励来自对剩余控制权的掌握。所谓的剩余控制权，是指最终控制人对在（不完全）合约中未规定的事项和未来发生情形拥有的最后裁决权。由于对剩余控制权的掌握，

第三篇
对产权内涵的重新认识

进行专用性投资的一方不再担心另一方的"敲竹杠"行为，事前专用性投资激励不足的局面由此得到缓解。

在煤矿附近建立"坑口电站"的例子中，如果电厂通过垂直一体化对煤矿进行并购，拥有控制权的电厂将对并购后煤矿发生任何不确定情形拥有最终裁决权，电厂由此对煤矿未来的机会主义行为变得不再担心，因而有很强的激励进行厂址的搬迁或者新建。我们看到，经过垂直一体化这样的控制权安排后，有助于效率改善的"坑口电站"最终如愿以偿地实现了。控制权安排由此成为解决合约不完全导致的效率损失问题的重要途径。

回到现代股份公司组建的例子。如果外部投资者享有该公司受法律保护的剩余控制权，即投资者有权通过股东大会投票表决的方式对未来可能出现的诸如资产重组等事项进行最终裁决，投资者就开始愿意投资该公司，成为该公司的股东。通过上述控制权安排（习惯上称为"产权安排"），现代股份公司一定程度上解决了以往由于合约不完全导致的投资者投资激励不足问题，使得现代股份公司成为"近代人类历史中一项最重要的发明"。

哈特的不完全合约理论给我们的启发是：其一，控制权安排是重要的。建立在合约不完全理论基础之上的现代产权理论事实上成为我国国企混合所有制改革的理论支撑之一。我国国

从万科到阿里：
分散股权时代的公司治理

企混改只有通过明确控制权安排的实现形式等一系列公司治理制度安排，使社会资本获得收回投资回报的权利保障，才能最终真正实现"资本的混合"。20世纪90年代中期围绕国企改革的争论中张维迎教授对国企改革主要通过产权改革实现的主张同样来自对哈特等发展的不完全合约理论的清醒认识。

其二，控制权的实施离不开法律对投资者权利的保护。在司法实践中，对事前的产权安排（剩余控制权与剩余索取权相对应）结果的尊重是通过法律对投资者相应权利的保护来实现的。例如，各国公司法和证券法等相关法律都会对现代股份公司股东所享有的分享股利权、剩余分配权、选举董事会权以及重大事务表决权等权利以及相应的法律救济手段做出明确的规定。因此，现代股份公司的有效运转离不开公平正义的法律对产权的保护。

其三，近期通过万科股权之争而使中国资本市场广为熟悉的"门外野蛮人入侵"现象如同重大资产重组和经营战略调整一样，都是合约通常无法预期和涵盖的内容，因而一定程度上都与合约的不完全有关。面对合约不完全下"门外野蛮人入侵"等股东机会主义行为威胁，如何改变创业团队由于担心被扫地出门而人力资本投资激励不足的现状呢？经历接管并购浪潮和对"野蛮人入侵"现象的反思，一度被认为违反"同股同权原则"从而不利于投资者权利保护的双层股权结构在鼓励

第三篇
对产权内涵的重新认识

创业团队在合约不完全下进行人力资本投资方面的价值重新获得了公司治理理论和实务界的认同,并成为在以互联网为代表的新兴产业中流行的控制权安排形式。美国互联网巨头Facebook、Google,以及我国著名互联网企业京东和百度全都选择发行具有不平等投票权的股票上市。而阿里则通过合伙人制度变相推出了具有不平等投票权的双层股权结构。

霍姆斯特姆和他的激励合约设计理论[*]

股东如何为现代股份公司所聘请的职业经理人合理地制定薪酬合约？这一问题从现代股份公司诞生之日就开始困扰着人类。在泰罗科学管理时代，人们意识到，由于管理职能的差异，职能工长（经理人）与工人的薪酬之间应该有所差别。而马克思则认为劳动力这一商品的价值是由生产劳动力这一特殊商品的社会必要劳动时间决定的。其中社会必要劳动时间指的是在现有社会正常的生产条件下，在社会平均的劳动熟练程度和劳动强度下制造某种使用价值所需要的劳动时间。需要指出的是，无论泰罗基于科学定额和标准化的职能工长薪酬制定，还是马克思对社会必要劳动时间界定所需要的对"现有社会正常的生产条件""社会平均的劳动熟练程度和劳动强度"

---

* 本文曾以"诺奖新科得主霍姆斯特姆和他的激励合约设计理论"为题发表于财新网，2016年10月11日。

第三篇
对产权内涵的重新认识

的认识,都基于信息充分完全的假设。

事实上,为经理人制定薪酬之所以长期困扰人类,恰恰是由于经理人的努力程度对于股东而言不仅在法律上不可证实,甚至不可观察。换句话说,股东(包括学者泰罗和马克思)关于经理人(职能工长)的努力程度是信息不完全的,因而泰罗无法做到真正的"科学定额"和"标准化",否则泰罗所自认为的"科学定额"就不会被马克思指责为"资本家对工人的剥削"了。马克思同样无法基于社会必要劳动时间的概念来准确确定商品的价值,原因是"现有社会正常的生产条件""社会平均的劳动熟练程度和劳动强度"等由于经理人的努力程度的私人信息特征存在大量噪音。我们看到,无论泰罗的科学管理理论还是马克思的剩余价值理论事实上都无法完成经理人薪酬的科学制定。

这一局面直到20世纪七八十年代基于现代博弈论的信息经济学的发展成熟才大为改观。除了梅耶森(Myerson)的显示原理(梅耶森已于2007年获得诺贝尔经济学奖),一个重要的贡献就来自今年新科的诺贝尔经济学奖得主霍姆斯特姆(Holmström)发展的激励合约设计思想。

我们知道,股份公司经营状况不好既有可能是由于外部经营环境的恶劣,也有可能是由于所聘请的经理人的偷懒,股东通常无法识别股份公司经营状况的好坏是由于前者还是后者,

从万科到阿里：
分散股权时代的公司治理

还是两者兼而有之。因此，股东与经理人围绕经理人的努力程度存在信息不对称。信息非对称带来的经济后果是经理人会存在道德风险倾向：鉴于股东对经理人努力不可证实，甚至不可观察，在给定的（平均）薪酬水平下，经理人会选择偷懒，以减少自己的负效用。经理人甚至会利用实际控制权通过关联交易等方式谋取私人收益，损害股东利益。需要说明的是，与马克思关注资本家对工人的剥削问题不同，激励机制设计理论关注的是经理人的偷懒和谋取私人收益等道德风险问题。

那么，如何对不可证实，甚至不可观察的经理人努力程度进行激励呢？按照梅耶森、霍姆斯特姆等的理论，虽然经理人努力不可证实，甚至不可观察，但如果能够将经理人的薪酬与可证实的企业绩效挂起钩来，只有在企业绩效好时，经理人才有望拿到高薪酬；而为了出现良好绩效，经理人需要努力工作而不是偷懒。我们看到，通过将经理人薪酬设计与可证实的企业绩效直接挂起钩来，激励合约设计理论一定程度上解决了经理人努力程度的信息非对称这一难题。从此，企业绩效成为评价经理人薪酬合理性的基准。

围绕经理人薪酬设计，现代股份公司面临的基本两难问题是：一方面，除非向经理人支付高的薪酬，否则无法调动经理人努力工作的热情；另一方面，向经理人支付高的薪酬，将增加股份公司的成本，使股东的可能回报降低。因此，如何通过

第三篇
对产权内涵的重新认识

合理的经理人薪酬设计使得经理人愿意努力工作的激励和使股东价值最大化的激励变得相容，成为信息不对称条件下解决经理人薪酬合约设计的关键。按照霍姆斯特姆发展的激励合约设计理论，一个科学的经理人薪酬合约设计除了要与企业绩效挂钩，还需要满足两个基本约束条件。其一是参与约束（或个体理性约束），即经理人从接受公司聘用可以获得的薪酬应该不少于其他任职机会带给他的薪酬。这一条件考量的是经理人接受该公司聘用的机会成本。其二是激励相容约束，即通过向经理人支付激励薪酬的方式来协调二者的利益冲突，不仅对股东而言最优，而且对经理人而言也是最优的。或者说，看起来股东向经理人支付了高的激励薪酬，但受到激励的经理人的努力工作最终为股东创造了更大的价值。股东在获得的投资回报与支付经理人薪酬的平衡后实现了自身价值的最大化，而经理人则在获得的高激励薪酬与努力付出的负效用的平衡后实现了自身效用的最大化。二者通过经理人薪酬合约的设计达到了双赢（纳什均衡）：股东借助经理人的专业知识创造财富，而经理人则通过股东提供的事业平台实现人生价值。这显然与马克思所强调的资本家对工人的剥削不同。我们看到，经过经理人薪酬合约的设计，尽管经理人的努力程度是不可证实的，但股东可以通过设计与企业业绩挂钩的激励合约使经理人有激励选择高的努力程度。因为只有通过努力，经理人才可能提高企业绩效,最终使自己获得高的薪酬,而高的企业绩效将给股东带来更大的价值,尽管需要向经理人支付高的薪酬。这样,通过基于霍姆斯特姆等发展的激励相容思想的激励合约设计,长期困扰人类的经理人薪酬合约的制定问题就迎刃而解了。

霍姆斯特姆等发展的激励合约设计思想给我们的启发是:其一,在经理人的薪酬设计中不再仅仅包含由劳动力供求关系决定的人力资本的补偿因素,同时包含着对拥有私人信息的经理人努力工作的激励。简单对比新古典经济学与信息经济学关于经理人薪酬设计思想的差异,我们看到,基于信息对称的新古典经济学认为工资是(经理人)劳动力的价格和人力资本付出的补偿;而基于信息不对称的信息经济学则强调经理人薪酬除了补偿人力资本付出(个体理性约束的体现)外,还包含为了鼓励"说真话"的信息租金(激励相容约束的体现)。因而,经理人薪酬合约设计的一个新功能是向经理人提供激励,而不仅仅是人力资本付出的补偿。

其二,在评价经理人薪酬是否合理的问题上,基准是经理人为企业创造了多少价值,而不是其他。在新中国成立后到改革开放前,无论是农村的人民公社,还是城市的国营工厂,居主导地位的薪酬分配模式都是同工同酬。无论干多干少还是干好干坏,收入差别都不大。这种薪酬分配制度看上去就像一个家庭成员从自己家并不丰富的餐桌上取所需要的食品,人人有份，被形象地称为"大锅饭"。直到20世纪80年代初期，石家庄纸厂马胜利提出企业承包责任制，第一次把业绩和奖金联系到了一起，使薪酬的构成因素中有了激励的成分。

事实上，马胜利在石家庄纸厂自发开展的承包责任制恰恰体现了从20世纪70年代以来逐渐发展成熟的基于信息经济学的现代薪酬设计思想。人们逐渐认识到，与劳动力供求关系的变化相比，薪酬设计面临的更大挑战来自雇员与雇主围绕雇员努力程度的信息不对称问题。雇主通常根据雇员的努力程度决定其应获得的薪酬，但是雇员的努力程度在法律上是不可证实的，甚至不可观察的。在类似于"大锅饭"的薪酬分配体系中，雇员的一个理性选择是偷懒，因为干多干少、干好干坏一个样。这已被改革开放前我国人民公社和国营工厂长期的低效率所证实。

2014年11月，我国针对央企组织任命负责人推出以"以上年度央企在岗职工年平均工资作为参照系"和"限薪的实施以'中办'名义印发文件自上而下推进"为典型特征的新一轮的国企高管限薪政策。对照霍姆斯特姆等发展的激励合约设计思想，我们看到，理论界与实务界应该重新思考新一轮高管限薪"以上年度央企在岗职工年平均工资作为参照系"的合理性。毕竟，现在企业高管与在岗职工的关系已不同于泰罗科学管理时代的"职能工长"与工人的关系，何况信息经济学的发展告诉我们,经理人薪酬合约设计解决的核心问题是经理人努力程度的信息不完全。因而"央企在岗职工年平均工资"能否代替企业绩效成为评价经理人薪酬合理性的基准,值得怀疑。而"央企在岗职工年平均工资"又是基于何种基准或因素确定的,其理论基础和现实依据是什么,同样令人疑惑不解。何况,除了企业绩效,经理风险态度、外部经营环境的不确定性、企业规模和所处产业的竞争程度等都会显著影响经理人的薪酬水平和薪酬结构。如果一家企业的绩效(规模、所处产业竞争状况等)与另一家企业不同,该家企业经理人的薪酬就有理由与另外一家企业的不同。

其三,经理人薪酬激励合约设计的本质就是在激励和风险分担之间的权衡。在公司治理实践中,对经理人薪酬激励合约设计合理性的判断取决于经理人薪酬与企业绩效之间是否存在显著的敏感性。其理论基础即霍姆斯特姆和其合作者米尔格罗姆(Milgrom)在1987年论文中所提出的经理人薪酬合约设计理论中的分成比例。

其四,当信息不完全时应该由更具信息优势的一方来主导薪酬激励合约的设计和实施。例如,由于作为公司治理核心的董事会在评价企业绩效等问题上更具信息优势,因而在公司治理实践中经理人薪酬设计和实施通常是由董事会(薪酬委员会)来完成。这充分体现了现代组织授权结构与信息结构相匹配的原则。而目前新一轮高管限薪由不具有信息优势的政府部门来主导薪酬制定则显然与上述原则相违背。用哈耶克的话说，这是"致命的自负"。

我们看到，"一刀切"的国企高管限薪除了不可避免地导致管理人才的流失外，还会诱发经理人更多地从谋求显性薪酬到谋求隐性薪酬。有时由此显著增加了的代理成本甚至远远超过通过高管限薪节省了的成本，反而使股东得不偿失。而当隐性薪酬遭受政府强力反腐也不可得时，国企高管各种所谓的"懒政""庸政"和"惰政"现象就会纷至沓来。因此，我们需要清楚地意识到，有时看起来向经理人支付高的薪酬增加了企业的成本，但如果通过经理人薪酬增加使企业实现更大的价值提升，则这些成本增加是完全值得的。对于我国一些上市公司存在的经理人超额薪酬问题，应该通过监管当局要求更具有当地信息的上市公司董事会（薪酬委员会）对经理人薪酬的自查实现。事实上，经理人超额薪酬的出现恰恰是公司治理结构不合理的证据，需要通过完善公司治理结构来实现，而不是也不可能通过简单限薪来加以解决。

对哈特不完全合约理论的几个误解^{*}

哈佛大学哈特教授和麻省理工大学霍姆斯特姆教授获得2016年度诺贝尔经济学奖后,国内的很多学者从不同视角对两位教授的获奖工作进行解读。其中一些评论不乏真知灼见,但一些评论则泥沙俱下、混淆视听。本文拟对前一段围绕哈特的不完全合约理论的相关评论中出现的误解进行梳理和总结,以帮助读者形成对不完全合约理论的理论结论和政策含义的正确认识,合理应用不完全合约理论,以科学指导我国经济理论研究和社会发展实践。

对于不完全合约理论,目前的评论主要存在以下误解:

第一,所有的合约都是不完全的吗?合约不完全除了可能由于对未来才会发生的事件难以充分预期这一直观原因外,一个更加重要(从而与哈特基于理性开展控制权安排的逻辑一

---

* 本文曾以"对诺奖新科得主哈特不完全合约理论的几个误解"为题发表于 FT 中文网,2016 年 10 月 31 日。

第三篇
对产权内涵的重新认识

致）的原因是，有时即使可以预期，但考虑到在合约中对未来无法预期的情形发生时双方的权利和义务做出严格详尽的规定将付出巨大的签约成本，在经过权衡后理性选择合约不完全。这意味着，合约不完全有时是签约双方理性选择的结果。因此，虽然我们并不能说所有的合约都是完全的，但对于大多数合约，即使是不完全，也并不意味着总会带来严重的后果。事实上，和哈特一起分享2016年诺贝尔经济学奖的霍姆斯特姆教授即是从完备合约的视角来开展激励机制合约设计研究的。他发展的激励合约设计理论因此又被称为完全合约理论。

第二，不完全合约理论的实质是什么？前面提到，在大多数情形下，合约不完全并不可怕。那么，在什么情形下，合约不完全才变得可怕了呢？按照哈特的理论，只有涉及专用性投资，合约不完全才会导致进行专用性投资的一方事后面临被"敲竹杠"，因而事前的投资激励不足等较为严重的后果。例如，在决定是否组建现代股份公司的一刻，无论是外部投资者还是职业经理人，都无法预期公司未来是否会发生重大资产重组和经营战略的调整。由于合约不完全，一旦投资，外部投资者将遭受实际控制公司的职业经理人诸如通过资产重组掏空公司资产等机会主义行为。预期到这一点，投资者显然并不愿意出资，这使得利用资本社会化和经理人职业化提升效率的现代股份公司无法形成。从上例我们看到，不完全合约只是产权安排的逻辑和事实的出发点,目的是帮助建立产权安排与专用性投资激励之间的逻辑因果链条。产权安排的根本目的是解决专用性投资的激励不足问题,而非合约不完全问题。换句话说,面对合约不完全,如何通过产权保护来鼓励专用性投资问题才是不完全合约理论的精髓所在。

第三,作为产权安排实质内涵的"剩余控制权"通常是如何实现的?一些评论笼统地把产权安排理解为对企业产生的剩余进行分配的决定权,一些评论甚至把它与政府为了提供公共品和进行产权保护而不得不具有的一些公权力联系在一起。事实上,"剩余控制权"中的"剩余"并非指的是等待分配的"剩余"(盈余),而是与合约不完全联系在一起,它指的是相对于合约中已经明确规定的双方的权利和义务,未来情形发生时合同中尚未做出明确规定的这部分"剩余"(剩下的)权利和义务的分配问题。通过剩余控制权的安排,专用性投资一方对合约中未作规定事项发生时被对方"敲竹杠"变得不再担心,因为对这些未做规定事项的最终裁决权在产权所有者手中,由此鼓励他事前进行专用性投资。换句话说,如果不存在合约中未规定事项的发生,显然并不需要启动剩余控制权。在上述意义上,我们看到,剩余控制权有点类似于应急机制,以对无法预料事件的发生做出快速反应。如果合约对签约双方的权利和义务有明确的规定,双方按照所签订的合约严格履行彼此的权利和义务即可。而对（标准化或非标准化）合约中明确规定的事项发生时还强调事后剩余分配的权利，这是典型的违约行为。如果强调在公共医疗服务质量保证过程中政府具有从生产到销售无所不在的控制权力则是公权力的滥用，则显然具有法律上可证实性的质量保证可以通过政府监管来实现。由于这里既不涉及合约不完全问题，又不涉及专用性投资的激励问题，当然不应该涉及剩余控制权这一应急机制的启动问题。举一个公司治理实践的例子。对于董事会临时提议的重大资产重组事项，公司必须召开临时股东大会，由股东以投票的方式对重大资产重组事项进行表决。董事会最终是否执行重大资产重组，则依赖于股东大会是否通过该事项。这里临时股东大会上股东对临时事项的最终裁决权即是股东具有剩余控制权的体现。但股东大会并没有拒绝或减少向严格履行薪酬合约义务的经理人支付合约规定的薪酬的权利，否则会面临经理人根据薪酬合约的诉讼。

第四，即使在现代股份公司，股权至上是唯一的控制权安排形式吗？阿里巴巴借助合伙人制度在美国的上市和Google、Facebook、京东、百度等发行的双层股权结构股票都表明，不平等投票权同样可以作为控制权安排的实现形式。2014年9月19日，阿里巴巴在美国纽交所成功上市。马云持股仅7.6%，即使连同合伙人团队共同持有的股份仅13%，远远低于第一大

从万科到阿里：
分散股权时代的公司治理

股东软银（持股 31.8%）和第二大股东雅虎（持股 15.3%）所持股份。然而，根据阿里巴巴公司章程的相关规定，以马云为首的合伙人有权利任命董事会的大多数成员，成为公司的实际控制人。之前，Google、Facebook、百度、京东等则通过发行双层股权结构股票实现了创业团队对公司的实际控制。阿里借助合伙人制度演绎了互联网时代"劳动雇佣资本"的新神话。

由于合伙人制度和双层股权结构等通过"不平等投票权"的控制权安排在形式上似乎突破了以往流行的"股东利益保护导向"范式，被一些学者认为是公司治理从传统"股东利益保护导向"范式转向"利益相关者利益保护导向"范式的新证据。然而，上述控制权安排模式呈现出一些与利益相关者理论与预测不尽相同的特征。其一，在双层股权结构和合伙人制度推出之前，无论马克思从阶级斗争的视角揭示资本对劳动的剥削，还是布莱尔呼吁应该由利益相关者"共同治理"，都反映了一个基本事实：资本对公司控制权的放弃显得不情不愿。而合伙人制度这一新控制权安排模式的出现却表明，主要股东软银和雅虎心甘情愿地把阿里的实际控制权交给马云创业团队。其二，通过合伙人制度和双层股权结构所实现的不平等投票权并非像利益相关者理论所预期的那样由利益相关者共同分享控制权，经理人向全体利益相关者共同负责，而是将控制权更加集中地掌握到阿里合伙人团队或持有 B 股的创业团队手中。

第三篇
对产权内涵的重新认识

概括而言,通过长期合伙合约对短期雇佣合约的替代,合伙人制度把马云创业团队与软银等股东之间的雇佣与被雇佣关系转变为风险共担的合伙人关系,由此鼓励了创业团队在充满不确定性的阿里业务发展模式中积极进行人力资本投资。①

第五,普通雇员和消费者可以作为利益相关者分享控制权吗?按照哈特的不完全合约理论,除了剩余控制权,产权所有者还具有剩余索取权,以此来实现剩余控制权与剩余索取权的匹配。这里所谓的剩余索取权指的是最终控制人将拥有对扣除固定的合约支付(例如雇员的薪酬、银行贷款的利息等)后企业收入剩余的要求权。受益顺序排在合同支付者之后决定了产权所有者享有剩余索取权的实质是承担企业生产经营的风险。一定程度上,我们可以把剩余控制权理解为权利,而把剩余索取权理解为义务,二者的匹配意味着权利和义务的对称。上述讨论表明,成为产权所有者需要具备基本的前提,即以出资入股体现的具有相应的承担责任的能力。我们仍以阿里为例。持股只有7%的马云可以借助合伙人制度成为阿里的实际控制人,但并不持股的普通雇员、消费者等利益相关者并不能与马云合伙人分享控制权。马云合伙人也不会和他们分享,而

---

① 参见郑志刚等,"合伙人制度与公司控制安排模式选择",《中国工业经济》,2016年第10期。

从万科到阿里：
分散股权时代的公司治理

是在给定条件下排他性地独享。这集中体现在，按照阿里的公司章程，当马云持股不低于1%时，合伙人对阿里董事会拥有特别提名权，可任命半数以上的董事会成员。在目前组成阿里董事会的11位董事中，除了5位独立董事和1位由第一股东软银委派的观察员，其余5位执行董事全部由阿里合伙人提名。不仅如此，除了总裁Michael Evans外，其余4位执行董事均由阿里合伙人出任。

第六，什么样的控制权安排才是有效率的？从阿里的案例看，控制权如果在具有可承兑收入的马云创业团队和软银雅虎等股东之间状态依存，这样的控制权安排可能是有效的。以提名主要董事为特征的阿里控制权，或者在企业经营正常时由马云创业团队掌握，或者在马云持股低于1%时由软银雅虎等主要股东掌握。但绝不会出现，控制权同时由阿里创业团队、股东以及普通雇员等其他利益相关者分享，从而管理团队同时向所有利益相关者共同负责的局面。对于双层股权结构，持有B级股票的股东在上市之后选择出售股份，这些股票将被自动转换为A级股。如果创业团队对未来业务模式的创新仍然有信心，那就由创业团队继续成为公司的实际控制人，引领公司向前发展。如果创业团队对业务模式创新和新兴产业发展趋势不再具有很好的理解和把握，通过把B股转为A股，创业团队重新把控制权"归还"给股东，由股东根据利益原则以及相

第三篇
对产权内涵的重新认识

关公司治理最优实践来选择能够为股东带来高回报的全新管理团队。

因而,控制权不仅可以由股东拥有,而且可以由同样持股的因而具有可承兑收入的创业团队拥有,只不过控制权是在具有可承兑收入的创业团队和股东之间状态依存。同样重要的是,借助合伙人制度,阿里完成了创业团队与外部投资者之间从短期雇佣合约到长期合伙合约的转化,实现了交易成本的节省。因而,阿里合伙人制度的推出预示着公司控制权安排的新革命。①

哈特不完全合约理论以及以阿里合伙人制度为代表的控制权安排新革命带给我们的启发是:第一,从产权安排针对的是合约不完全出发,我们不能把在合约中对双方的权利和义务具有明确规定的事项交给(假定存在)产权所有者进行事后裁决。因为那样做,对于合约双方则是典型的违约,甚至是违反合同法的行为,而对于政府则是公权力滥用的问题。这意味着,凡是能够借助完全合约从而激励合约设计思路解决的问题,并不需要南辕北辙地通过产权安排来实现。毕竟,剩余控制权在功能上类似于对无法预料事件的发生做出快速反应的应

---

① 参见郑志刚等,"合伙人制度与公司控制安排模式选择",《中国工业经济》,2016年第10期。

从万科到阿里：
分散股权时代的公司治理

急机制。

第二，从不完全合约理论解决的核心问题是投资者的投资激励不足问题出发，我们不能把无关专用性投资激励的问题寄希望于通过产权安排来解决。例如，面对公共医疗服务提供不足的问题，我们或许可以通过让民间资本来拥有对公共医疗服务提供机构的所有权来鼓励他们进行投资；但对于"医疗服务需求购买过程中的质量保证"，我们显然并不能必然通过政府对医疗公共服务的直接营运来实现，因为它并不涉及专用性投资激励不足的问题，而是需要通过对法律上可证实的质量进行政府监管实现。

第三，我们这里特别强调，并不能因为产权安排的重要，而用产权安排来代替政府监管作为。造成环境污染、安全生产隐患、资源无序开采等行为给企业带来的收益和成本往往不对称。上述（负的）外部性的存在和公共品提供、打破垄断等一起构成了政府，特别是政府监管行为存在的现实理由。然而，在政府监管实践中长期流行着一种错误的认识，那就是用产权控制代替政府监管作为。例如，为了避免煤矿生产的乱采滥伐和安全隐患，靠"国进民退"式的国有煤矿对民营煤矿进行整合。国有产权控制事实上与煤矿安全生产和避免资源无序开采并不存在必然关系。这样做只不过是把煤矿安全生产和资源开采的监管责任转嫁给了国有企业，用产权控制来代替了

第三篇
对产权内涵的重新认识

煤矿安全生产和资源开采的监管,成为事实上的"监管不作为"。因此,对于环境污染、煤矿安全隐患、资源滥开滥采等涉及外部性的问题,我们应该从如何改善政府监管作为本身去提出可能的政策建议,而不是主张用产权控制来代替政府监管作为。在上述意义上,我们看到,虽然产权安排是重要的,但它并不是万能的。

第四,无论现代股份公司中股权至上的一般原则的确立,还是新近出现的以阿里合伙人制度为代表的控制权安排的新革命都是基于市场经济外部环境下鼓励投资者或创业团队进行专用性投资的制度安排。市场总会内生地创造出一些新的控制权安排模式,以更加有效地适应外部环境的变化。例如,合伙人制度就是阿里在新兴产业快速发展过程中面对信息不对称和合约不完全问题时自发选择和内生决定的市场化解决方案。因而,合约不完全这一通过产权安排鼓励专用性投资的逻辑和事实出发点,不能也不应该成为否认市场配置资源的基础性地位,转而强调"政府干预之手"重要性的理由(一些评论认为,由于市场存在"合约不完全"这一缺陷,因此需要政府进行干预。这是我看到的对哈特不完全合约理论最荒诞不经和无厘头的解读)。这事实上同样是我国从改革开放以来持续进行市场导向的经济转型背后的原因。阿里的实践再次告诉我们,理论是灰色的,但生命之树常青。

国企整合难治霾*

雾霾治理这一大众流行话题不仅引起了关于如何治理雾霾的思考,同时也引发了学术界对政府监管思路的新的反思。在本轮关于雾霾治理的公众讨论中,一些学者担心,打破能源垄断很可能带来更严重的雾霾。按照他们的论述,造成雾霾的主因是具有"效用"原则和"增值"原则的资本逻辑,由此他们认为"国企更有可能在消除雾霾上有所作为,因为它们按其性质是属于'全体人民'的,它更有条件和责任'跳出'资本逻辑"。

造成环境污染、安全生产隐患、资源无序开采等给企业带来的收益和所负担的成本往往不对称。上述(负的)外部性的存在和公共品提供、打破垄断等一起构成了政府,特别是政府监管行为存在的现实理由。然而,在政府监管实践中长期流

---

* 本文曾以"国企整合难治霾"为题发表于《21世纪商业评论》,2016年第2期。

第三篇 对产权内涵的重新认识

行着一种错误的认识,那就是用产权控制代替政府监管作为。我们可以简单地将其概括为新"产权万能论",以区别改革开放初期从当时经济政治生活现状出发强调产权重要性的观点。

新"产权万能论"主张用产权控制简单代替政府监管这一政府真正该作为的地方,把政府最重要的监管职能和社会责任转嫁给相关企业,特别是国有企业了事。2007年、2008年发生在山西、内蒙古、河南、河北、四川等省的煤矿产业整合的例子是上述思路的典型体现。当地政府通过责令国有煤矿企业对民营煤矿的并购,使煤矿的开采与生产重新回到国有企业的控制之中,希望通过国有产权控制来减少煤矿的安全生产和滥采滥伐问题。我们看到,其背后的逻辑依然是希望通过国有产权控制,来跳出所谓"资本逻辑"。

事实上,就在上述政策如火如荼开展的同时,一些学者已经清醒地意识到,并提醒地方政府当局,国有产权控制与煤矿安全生产和避免资源无序开采之间不存在必然关系。这样做只不过是把煤矿安全生产和资源无序开采的监管责任转嫁给了国有企业,用产权控制来代替了煤矿安全生产和资源开采的监管,成为事实上的"监管不作为"。

历史上,我国社会各界对国有企业寄予太多的厚望,使国企不堪重负。例如,当社会就业状况严峻时,我们往往寄希望于国企来接纳更多的劳动力。但事实上,往往民营企业是吸引

从万科到阿里：
分散股权时代的公司治理

就业的主力。从改革开放三十多年的经验来看，民营经济快速发展的时期一般是就业相对充分的时期；再如，国有企业通常被认为是国家产业结构政策的坚定执行者和国家实施重大产业结构调整的基本凭借。但存在大量产能过剩的行业有时恰是国有企业，而产能过剩出现的原因部分恰和国企对国家相关产业政策的盲目执行相关。据中国企业联合会、中国企业家协会发布的 2014 年中国企业 500 强榜单，在 500 强企业中有 43 家亏损，其中只有 1 家民营企业亏损，国有企业成为"重灾区"。300 家国有企业的亏损面高达 14%，42 家企业合计亏损 726.6 亿元，其中 10 家央企合计亏损 385.7 亿元。亏损企业主要集中在重化工领域，其中煤炭企业 17 家，钢铁企业 7 家，有色行业企业 7 家，化工、建材、水上运输行业企业各 2 家。国企的脚步也并没有像我们期望的一样停留在关系国计民生、投资周期长、回报低的产业，而是积极向所有竞争性领域全面出击，以至于现在我们很难找到一个没有国有企业身影的产业领域。特别地，在我国房地产行业成为人人皆知最赚钱的行业之一的 2009 年，在当时国资委分管的 136 家央企中，以房地产为主业的企业有 16 家，辅业中包含房地产业务的达到 80 多家，70%以上的企业都涉及房地产业务。在 2009 年成交总价前 10 位的地块中，国企占据 8 席，在成交楼面地价前 10 位的企业中，国企同样占据 8 席，造就了一个又一个的国企"地

第三篇　对产权内涵的重新认识

王"。可以说，国企对于房地产价格的推高和房地产泡沫的出现一定程度上"功不可没"。

受短期筹措巨额并购资金等融资成本以及存在大量冗员的影响，兼并了大量民营煤矿的国有煤矿的日子并不好过。而近年来煤炭行业发展的不景气又使这些国有煤矿企业雪上加霜。在中国企业联合会、中国企业家协会发布的 2014 年中国企业 500 强榜单中，17 家煤炭企业存在亏损。为了刺激当地经济的发展，一些省开始推出新的吸引民间资本投资的方案。但很多当年被迫退出煤炭行业的江浙民营资本家在接到新的邀请时的反应是"打死我也不会再到那儿投资了"。由此可见，当年通过国有产权控制来代替政府监管作为给当年涉及煤矿生产的国有资本和民营资本带来的影响有多大！

如今面对雾霾的肆虐，一些学者再一次希望具有垄断市场地位的国企担起雾霾治理的重担，甚至认为，"打破能源垄断很可能带来更严重的雾霾"，以至于一时间"两桶油"合并的传闻甚嚣尘上。如同怀疑当年通过国有产权控制来代替煤矿生产安全和资源无序开采的监管一样，我们基于同样的逻辑和理由怀疑：上述思路可以走多远？

对产权控制的理论演进做一些历史的考察，我们不难发现上述政策建议的荒诞之处。产权控制的实践伴随着现代股份公司的兴起。一方面，近代科学技术进步和生产效率提高使原基

从万科到阿里：
分散股权时代的公司治理

于家庭作坊的新古典资本主义企业的企业家（企业主）的自有资本无法支撑更大规模和范围的生产经营活动，企业家不得不开始寻求外部融资。另一方面，技术进步带来的不确定性需要其他潜在的责任人与企业家共担风险。如何使外部分散投资者愿意出资并与企业家一起共担风险？此时，一种被称为"现代股份公司"的企业形态出现了。外部投资者通过购买和持有企业发行的股票而成为企业的股东。作为股东，除了有权利以股利的方式获得投资的回报外，投资者还有权通过股东大会基于"商议性民主"对公司的重大事项进行最后裁决，并在现代公司有限责任下以出资额为限承担相应的资产连带责任。后两项权利使得同样作为投资者的股东不同于通过收取抵押来提供贷款的银行以及其他金融中介机构。

我们看到现代股份公司的出现实现了所谓"所有权和经营权的分离"，即股东享有公司的所有权，但经营权却掌握在职业经理人手中。消极地看，二者的分离引发了股东与经理人之间的利益冲突，由此如何激励和约束经理人的公司治理问题成为基本和重要的公司财务政策。积极地看，伴随现代股份公司出现的两权分离在帮助资本实现社会化的同时，帮助经理人实现了职业化，从而使建立在专业化基础上的社会大分工得以深化。上述专业化分工的深化使得现代公司既实现了外部融资和风险分担，又可以有效地避免非专业的出资人对职业经理人经

第三篇
对产权内涵的重新认识

营管理决策的干预,使得相关经营管理决策更趋科学合理,企业的运行效率得以全面提升。正是在上述意义上,以股份公司为特征的现代公司成为区别于基于家庭作坊式的"新古典资本主义企业"的人类历史上的"伟大发明"之一,对于人类在短短 250 年的历史创造人类历史上 99% 的财富至关重要。

奥利弗·哈特(Oliver Hart)等在 20 世纪八九十年代发展的现代产权理论为现代股份公司的实践提供了很好的理论阐释。在哈特看来,之所以需要外部投资者同样成为股东,从而成为公司的所有者,是由于投资者与公司的初始所有者在签订合约时往往无法对未来发生的事情提前做出判断,并将彼此的责任、权利和义务全部体现在合约中,因而合约是不完全的。预期到由于合约不完全,企业初始所有者未来的机会主义行为会给投资者的利益带来损失,因而外部投资者并不情愿把资金交给陌生的初始所有者打理,除非他能够可置信地承诺投资者对于未来出现的合约中没有规定的事项投资者有最终的决策权和影响力。于是,现代公司的初始所有者通过全部和部分让渡公司的控制权在使自己(全部或部分)退化为职业经理人的同时,事实上向外部分散投资者提供了投资的激励。

从现代股份公司的实践和现代产权理论我们可以看到,产权控制和安排的实质是解决外部股东的投资激励不足问题。假定一个公司具有相对良好的公司治理结构,我们看到,对于这

从万科到阿里：
分散股权时代的公司治理

家公司来说，其实钱从哪儿来，是谁的钱，已经变得不重要，它都需要在相关法律约束和政府的监管下开展经营活动来积极创造利润，回报投资者。虽然在现实中，并不是每一个公司都已形成合理的治理结构，但有很多途径帮助我们实现公司治理结构的改善。例如，在董事会中引入更多关注未来职业发展和树立良好声誉的独立董事，基于薪酬绩效敏感性对经理人进行合理的激励薪酬合约设计，改善外部法律环境，加强法律对投资者权利的保护，通过媒体监督来约束经理人的行为，等等。

多年以前，科斯发展了十分著名的"产权无关性定理"（交易成本为0时资源配置的效率与初始产权配置无关）。我们愿意把上述思想总结为新的产权无关性定理，以区别于科斯的产权无关性定理。新的产权无关性定理可以表述为：给定现代股份公司形成合理的治理结构，公司的生产经营活动与其所使用的资本的来源无关，从而与产权的性质无关。新的产权无关性定理的成立显然离不开一些学者所反对的"资本的逻辑"。只有具有浓郁趋利动机的投资者才有激励形成合理的资本结构来保障其投资获得合理的回报。随着越来越多的具有自利动机的投资者加入，公司更有激励形成合理的治理结构。这事实上也是我国目前提出国有企业混合所有制改革思路的逻辑出发点。

我们看到，从产权控制的实质来看，产权控制是解决投资

第三篇
对产权内涵的重新认识

者的激励问题，与强调外部性问题的解决的政府监管作为之间不存在必然关系；而新的产权无关性定理又告诉我们，无论一家企业的资本部分或全部来自国有和非国有，它都需要开展正常的生产经营活动。一个企业只要开展正常的生产经营活动，就会产生可能的外部性，来自政府的监管作为就变得必要。因此，国有产权控制与政府监管作为之间不仅没有内在的关联，更不是简单的替代关系。在监管实践中，政府应该摒弃用产权控制代替政府监管作为的错误思路，更不应该把监管的缺失和不作为的责任转嫁到企业，特别是国企身上。

那么，政府应该如何向无论国有或非国有资本控制企业生产经营都会发生的包括环境污染、安全生产隐患、资源无序开采等"外部性"进行监管作为呢？我们至少可以从以下三个方面来改善监管实践。

第一，事前监管规则的透明。我们回到雾霾治理的例子。监管当局应该对石油产业的技术标准（例如生产欧V标准以下的企业不准进入石油产业）和风险承担能力（例如出资规模）等进入门槛做出明确规定，而无论企业其资本来自民企还是国企，还是二者的混合。我们看到，在美国具有成百上千家的石油企业，而且几乎全都是非国有资本，但并没有由此影响石油产品的生产质量。一个极端的例子是一些看起来涉及国家安全的军工企业事实上都可以通过采购招标由民营企业生产。例如

从万科到阿里：
分散股权时代的公司治理

波音通过投标承担了很多美国国防军用设备的制造，但对于违反相关保密协议的波音即将面临的各种有形和无形的惩罚可以想见。这个例子进一步表明，只要监管作为（对波音违反保密协议有形和无形的惩罚）到位，即使涉及国家安全的军事装备，由民企还是国企制造都变得无关紧要。

第二，事中监督程序的公正。监督程序的公正涉及三个方面：其一是监督对象和媒体公众对监督信息的知情权；其二是监管人员依照相关法律法规独立开展监管，避免权力干扰；其三是对监管过程中腐败行为的严惩。上述三个方面都离不开最近一段时期以来我国大力推行的依法治国的相关举措的落实。除了法制建设，事中的监督还可以借助媒体曝光和社会监督来实现。一个借助媒体报道来实现环境污染治理的例子来自杜邦公司。具有近300年悠久历史的美国杜邦公司是世界500强企业中最"长寿"的公司之一。美国自然资源保护委员会、美国野生动物联盟等环境组织收集并定期通过媒体发布"污染最严重的前500家企业"。1990年排名榜首的杜邦在无任何法律要求的背景下，修改了公司战略，希望公司以最快的速度离开前10位。我们看到，作为标准民营公司的杜邦之所以积极减少污染环境，不仅是对公众舆论的回应，同时也是对美国政府对污染企业未来监管作为的担心。来自杜邦的例子再次告诉我们，治理环境污染不是依靠国有产权控制，而是依靠舆论监督及其背后的政府积极监管作为。

第三，事后监管惩罚的严厉。对于查有实据的违规企业，要依据法律程序严惩不贷。决不能因为涉事企业是国企而有心袒护、厚此薄彼，更不应该由于某些司法人员受贿而大事化小、小事化了。将涉事企业罚得倾家荡产往往会对其他企业形成强大的威慑。而如何确保法律程序和司法裁决的公正透明，避免司法腐败，在当下中国仍然面临严峻的考验。这事实上成为我国食品安全、煤矿安全生产等领域问题频发的更为重要的原因。

因此，对于环境污染治理、煤矿安全生产、资源滥开滥采等涉及外部性的问题，我们应该从如何改善政府监管作为本身去提出可能的政策建议，而不是主张"新产权万能论"下的用产权控制来代替政府监管作为。如果雾霾治理的监管思路，同样循着当初治理煤矿安全生产、资源滥开滥采等问题上的监管思路，用产权控制来代替政府监管作为，我们担心会南辕北辙，离我们预期实现的雾霾治理目标渐行渐远。

我们应该如何保护非公产权？*

最近中共中央、国务院印发了《关于完善产权保护制度依法保护产权的意见》（以下简称《意见》）。事实上，在 2004 年修宪时，我国就明确在《宪法》中提出"公民合法的私有财产不受侵犯"。一些人甚至认为可以将保护非公产权的法律规定追溯到 1982 年的《宪法》。当时的《宪法》规定，"国家保护公民的合法的收入、储蓄、房屋和其他合法财产的所有权"。我们看到，今天重新提出这一问题，表明我们在非公产权保护问题上还存在很大的改进空间。那么，我们究竟应该如何保护非公产权呢？

第一，我们要了解究竟谁有能力对非公产权构成侵害。这是我们思考保护非公产权的途径的前提和逻辑出发点。毫无疑问，那就是被滥用的公权力。最近在北大朗润园举行的张维迎

---

* 本文曾以"我们该如何保护非公产权？"为题发表于《新京报》，2016 年 12 月 12 日。

第三篇
对产权内涵的重新认识

和林毅夫两位教授围绕产业政策的思辨会,也使越来越多的人意识到,由于认知的局限和激励的扭曲,政府并不能像预期的那样通过制定产业政策来帮助发展中国家实现弯道超车的赶超战略。我们看到,同样由于认知的局限和激励的扭曲,政府在一些涉及非公产权的事务上存在一定程度上的公权力滥用。特别是当这种权利不受制约时,对非公产权的侵害造成的危害会更大,影响会更持久。因此,这次《意见》未来落实的重要举措应该围绕对滥用公权力的限制展开。

第二,在明确了谁最有可能成为非公产权的侵害方后,一个自然的思考是如何避免被滥用的公权力对非公产权的侵害?如果滥用的公权力作为非公产权侵害事件的涉事一方参与侵害事件的司法认定,甚至进行司法裁决,这自然会引起运动员同时担任裁判员的嫌疑。最终受到侵害的不仅是非公产权本身,还有政府的公信力和执政的合法性。因此,建立相对独立公正的司法体系在未来落实《意见》中尤为重要。

第三,谁来监督监督者?与涉事一方不应该成为裁决方的逻辑一致,我们显然无法依靠监督者自己监督自己。除了目前制度设计中已经存在的上一级法院可能履行的纠错机制以外,我们事实上还需要充分利用舆论监督和社会监督。我们不应该通过对舆论的管制,使一个本来简单的法律问题演变为一个政治问题。因此,围绕这次《意见》的出台,如果能够确实推进司法体系和社会监督体系的改革,将司法体系置于独立、透明、公正的社会监督之下,将是对非公产权的保护发生根本性转变的关键。

第四,对非公产权的保护还需要配套的举措。一些地方在实践中把延长住房产权期限仅仅理解为一个简单的收费问题。通过追缴一笔费用,把70年的产权限制延长为80年,甚至更长。我们看到,通过收费来获得住房产权的所谓"合法性"是对法律权利的庸俗化和对法律权威性和严肃性的损害。一方面,需要从法律上严格认定非公产权归个人所有,受法律的保护。这显然不是也不可能被金钱赎买的。另一方面,需要通过合法征收房产税等方式来支持政府社区管理需要的公共基础环境建设的相关支出。后者同样需要经过社会的充分酝酿讨论。如果实施,则需要通过舆论和社会的监督,保证透明公正。

第五,对非公产权的保护还需要观念的转变。今天我们之所以强调对非公产权的保护,恰恰是由于历史上我们太多地强调对公产权的保护,而对非公产权的保护不足,甚至忽视对非公产权的保护。但当我们意识到非公产权保护至少如同公产权保护一样重要时,我们也不应该以保护非公产权为由而侵害其他产权形式。一个正确的做法是把涉及产权侵害的纠纷置于法律框架下,让它在透明独立的司法体系中由法官对孰是孰非做出裁决,使其始终停留在一个法律问题上。

民资成为控股股东就可以"为所欲为"吗?[*]

2016年12月23日在浙江台州开工的杭(州)绍(兴)台(州)高铁,由于"民营投资联合体"持股51%,成为我国首条民资绝对控股的铁路,而一时之间引起诸多媒体的关注。一些人担心,处于区域垄断性地位的杭绍台高铁项目是否会通过制定垄断高价攫取垄断性利润,而使当地居民被迫承受高的垄断价格呢?一些人进而质疑,把具有极强长期正外部性的铁路基础设施交给短期盈利动机强烈的民营企业主导,这样做合理吗?我们看到,在这些质疑的背后,事实上包含着一个重要误解:民资成为控股股东就一定可以为所欲为吗?

由于以下四个方面的原因,我们看到,即使民资成为高铁项目的控股股东,也并不意味着它可以为所欲为。

---

[*] 本文曾以"杭绍台高铁项目:民资成为控股股东就可以为所欲为吗?"为题发表于FT中文网,2017年1月24日。

从万科到阿里：
分散股权时代的公司治理

第一，在法理上股东权利来源于在不完全合约中对未作规定事项事后处置的救济权利。按照 2016 年诺贝尔经济学奖得主哈特教授的观点，由于股东与经理人签订的合约是不完全的，预期到由于合约不完全股东投资后受到经理人的"敲竹杠"行为，除非股东对不完全合约中未规定事项有最终的裁决权，否则股东并不情愿出资组成现代股份公司。为了鼓励股东的投资，现代股份公司需要做出承诺，使作为所有者的股东对公司未来发生的重大事项拥有最终裁决权。这集中体现在股东享有以对重大事项投票表决形式实现的剩余控制权。这构成今天我们观察到的经理人向股东负有诚信责任、受到法律保护的法理基础。如果对照哈特所发展的不完全合约理论的原意，我们看到，股东权利受到法律保护的原因和股东实际享有的剩余控制权的逻辑出发点来自股东与经理人签订合约的不完全。这意味着对于合约中明确规定的部分，不需要也不应该由股东以剩余控制权方式加以实现。同样重要的是，股东之所以有（受法律保护的）权利来对公司重大事项上进行最后裁决，还在于作为出资者所具有的责任承担能力。上述两个要件决定了现实世界中公司法和公司章程中所规定的需要提交股东大会审议的事项需要具有以下基本特征。其一，涉及在公司组建一刻无法预期到的未来才会发生的重大资产重组、经营战略调整等事项，这与不完全合约是现代产权安排的逻辑出发点一致；其二，股东对参与表决的相关事项具有相应的责任能力，这也是ST慧球股东大会审议的诸如钓鱼岛的主权等事项由于股东无法承担相关责任而使议案沦为笑谈的实质原因。

如果说对于股东大会表决的议案股东需要具有相应责任能力容易理解，那么股东参与表决的事项仅限于不完全合约中未加规定的事项，而对于合约明确规定的部分股东则无权干预这一点并不容易理解。这也是现实中很多人认为一旦成为控股股东就可以为所欲为的认识偏差的来源。为了进一步说明这一点，我们举一个现实的例子。格力股东大会有权否决董明珠提议的并购案，这是由于并购案与合约不完全有关（在公司成立之初，董明珠和股东之间并未达成上述协定），议案的否决因而成为格力股东享有剩余控制权的体现和表征。但格力股东大会并没有拒绝或减少向严格履行薪酬合约义务的董明珠支付合约规定的薪酬的权利，否则会面临董明珠根据薪酬合约的诉讼。

回到杭绍台高铁项目上，提供物美价廉的铁路交通服务是该项目向当地居民做出的庄重承诺和需要履行的合同义务，由于并不太多涉及不完全合约问题，因而并不属于股东（即使是对表决是否通过具有重要影响力的控股股东）以投票表决方式行使剩余控制权的范围。因此，即使民资成为杭绍台高铁项目的控股股东，也并不意味着它可以为所欲为。如果杭绍台高铁

从万科到阿里：
分散股权时代的公司治理

项目股东可以任意调整价格，损害当地居民利益，这看起来将像 ST 慧球股东大会可以审议钓鱼岛的主权等事项一样荒诞。

第二，成为股东在意味着把剩余控制权的实施局限在不完全合约中尚未规定的事项的同时，还需要以出资体现的责任承担能力严格履行事先签订的不完全合约所规定的相关义务。我们理解，当地政府之所以把上述高铁项目交给该公司，恰恰是由于该公司以出资入股的方式向当地居民做出一定程度可以信赖的提供物美价廉的铁路交通服务的承诺。原因是只有出资入股才具备真正的责任承担能力。这同时构成该公司未来需要履行的合同义务。这意味着，如果该公司没有很好地履行上述义务，当地政府有权终止该项合约。一个典型例子是，前不久中国重庆财信企业集团等民企发起对美国芝加哥证券交易所的收购。该收购案不仅得到芝加哥交易所董事会的一致同意，甚至连美国相关监管机构同样表示欢迎。但这并不意味入股芝加哥交易所的中国重庆财信企业集团可以利用股东的影响力为来自家乡的企业在芝加哥交易所上市大开方便之门。作为交易所，它需要严格履行当初向美国监管当局和资本市场做出的提供公平公正的中介服务的承诺，否则面临的不仅是监管处罚，还包括违反合约的相应惩罚。这个例子一定程度上告诉我们，谁是控股股东只是告诉我们上市公司的资本结构，但作为法人，不管控股股东是谁，对于事先签订的完全合约都需要严格履行。

从这个例子上，我们看到，成为控股股东既是重要的，但也没有想象的那么重要。

第三，按照反垄断的相关理论和实践，对于杭绍台高铁项目，由于高铁服务所具有的区域垄断特征将成为相关反垄断当局重要的监管对象。对于高的定价，相关监管当局可以开展反垄断调查并做出相应的处罚。

第四，即使杭绍台高铁项目具有某种区域垄断色彩，容易理解，在杭绍台地区之间还存在发达的公路和航海运输，甚至航空运输，这些替代性的交通工具选择都将成为杭绍台高铁项目定价重要的参考因素。在理论上，杭绍台高铁项目所获得的超额垄断利润将吸引新的高铁项目的进入，从而打破杭绍台高铁项目对该地区高铁服务的垄断局面。从上述来自现实和理论的种种约束，我们可以预期，即使是民资成为控股股东的杭绍台高铁项目，其实际的定价空间也是十分有限的，因而并不能为所欲为。

我们看到，民资成为控股股东的杭绍台高铁项目一方面并没有像一些人想象的那样可以为所欲为，另一方面从目前项目的进展来看，将实实在在地为浙江上述地区的居民出行和经济发展带来便捷。全长269公里、设计时速350公里/小时、投资概算450亿元的杭绍台高铁将浙江境内三个经济发达城市连接起来，无疑将为提升浙江经济带的建设做出突出的贡献。然

从万科到阿里：
分散股权时代的公司治理

而，如果这条铁路依靠高铁建设的"国家队"——中铁总公司来独资完成，则不知道是猴年马月的事儿。事实上，多年以前，马克思针对铁路建设曾经讲过一段非常深刻的话："如果世界上依靠资本积累，我们并不能看到铁路，但依靠资本积聚很快便实现了。"我们看到，杭绍台高铁项目恰恰很好地诠释了马克思通过资本社会化才能实现社会化大生产的思想。而这与近年来我国国企通过引入民间资本实现国企混改的思路是一致的。由于中铁总公司作为股东方全程参与项目，杭绍台高铁项目由此也成为国企混改的样本。

这里引发出一个值得我们思考的问题。按照中国工程院院士、铁路专家王梦恕的说法，这些铁路只要是设计成客货两用的，从国内外经验看基本都是赚钱的，只是时间长短的问题。但为什么民资更愿意在杭绍台高铁项目上参与混改，而在其他项目上则表现得并不够积极呢？显然这很大程度上与"民营投资联合体"这一参与主体成为控股股东有关。成为控制性股东无疑使民间资本获得一个未来实现投资回报的相对可置信的承诺，这对于解决民资的投资激励问题十分关键。这也是我们曾经主张在国企从管企业转变为管资本的背景下，混改可以通过把国有资本转变成为附加一定条件的优先股来实现的原因。持有优先股的国有资本可以很好地实现保值增值、增进全民福利的目的，而民资则从中看到了国有资本混改的诚意和所做出的

第三篇
对产权内涵的重新认识

制度承诺。

杭绍台高铁项目给公司治理和国企改革实践带来的积极启发是：首先，股东通过投票表决对重大事项的影响力应该限于以组建公司时不完全合约中尚未规定的资产重组和经营战略调整等事项，合约中明确规定的部分则不应该成为股东讨论和决定的范畴，而是需要严格按照合约履行相应的义务；其次，成为控股股东不仅意味着对于不完全合约未涉及事项的影响力，而且意味着需要对所做出的决策承担与出资额对称的责任；再次，成为控制性股东将使民间资本获得一个未来实现投资回报的相对可置信的承诺，有助于解决民资的投资激励问题；最后，但并非不重要的是，即使民资成为控股股东，也并不意味着它可以为所欲为。

上市公司第一大股东性质的
转变有那么重要吗?[*]

时光进入 2017 年,但"险资举牌"在我国资本市场过去两年搅起的阵阵"腥风血雨"依然让人心有余悸。"险资举牌"带来的变化之一是我国一些上市公司的第一大股东的性质发生改变,从原来的第一大股东是国资,转变为现在的第一大股东为民资。这为我们观察第一大股东性质转变带来的相关公司治理效应提供了难得的研究场景。

我们首先看宝能系从 2015 年开始举牌的万科。在宝能系举牌之前,国资背景的华润是万科的第一大股东,因而,万科第一大股东的性质是国有。经过多次举牌和拉锯,民资背景的宝能系的持股比例最终超过华润,成为万科的第一大股东。即使在最近华润把所持股份受让给地方国企背景的深圳地铁后,

---

[*] 本文将以"上市公司第一大股东性质的转变有那么重要吗?"为题发表于《经济观察报》,2017 年 4 月。

第三篇
对产权内涵的重新认识

在进一步增持计划出台前,我们看到,宝能系的持股比例依然高于深圳地铁。这使得万科目前依然维持第一大股东性质为非国有的局面。我们再看同样是由宝能系通过举牌成为第一大股东的南玻A。长期以来,国资背景的中国北方工业公司一直是南玻A的第一大股东。但由于缺乏实际控制人,从2015年开始,宝能系旗下前海人寿及其一致行动人通过二级市场增持成为南玻A第一大股东。这意味着通过在二级市场增持,又一家上市公司的第一大股东的性质由国有转变为非国有。

事实上,利用国泰安上市公司数据进行的一个简单统计表明,从1998年到2016年,我国上市公司发生的第一大股东变更共计2 139家次。其中通过二级市场股份增减实现的第一大股东变更共计186家次。特别是,从2014年以来,平均每年都有37家公司通过二级市场股份增减实现第一大股东的变更。在所有这些第一大股东变更中,既有第一大股东相同性质之间的转化(例如,原来的第一大股东是国有,变更后第一大股东依然是国有,或者原来的第一大股东是非国有,变更后第一大股东依然是非国有),也有第一大股东不同性质之间的转化(例如,原来的第一大股东是国有,变更后第一大股东变为非国有,或者原来的第一大股东是非国有,变更后第一大股东变为国有)。如果我们考察在公司治理理论和实践中更为关注的实际控制人性质的变更情况,从开始有统计数据的2003年到

从万科到阿里：
分散股权时代的公司治理

2016年，共发生了2 558起实际控制人变更。其中，实际控制人由国有性质转为非国有性质的共628起，占到全部变更的25%。

由于可以理解的原因，第一大股东性质从国有到非国有的转变被认为是我国经济生活中十分重要的事件。我们的问题是第一大股东或者实际控制人的性质从国有转变为非国有真的那么重要吗？

对于这一问题，我们事实上可以从以下几个方面加以理解。

首先，第一大股东的性质既是重要的，也是不重要的，其是否重要取决于公司是否具有制衡的公司治理架构和完备的治理环境。我们知道，现代股份公司通过资本社会化使风险在全社会范围内分担的同时，实现了经理人的职业化。这使得现代股份公司建立在资本社会化与经理人职业化这一专业化分工的基础上，生产效率得到极大的提高。虽然所有权和经营权的分离是引起经理人与股东之间代理冲突，进而形成现代公司治理问题的渊源，但我们看到，与专业化分工带来的效率改善这一企业根本问题相比，代理问题仅仅是衍生出来的第二层次的问题，可以通过公司治理结构的合理设计和不断完善来加以缓解。理论上，给定存在设计合理、功能完善的"确保投资者按时收回投资并取得合理回报"的治理机制，现代股份公司的权益融资来自大股东还是小股东,或者来自哪个股东其实并不重要。这就如同给定现代商业银行成熟的经营管理模式、良好的市场声誉以及抵押担保等社会救济制度,没有人关心你手中的银行贷款具体是通过哪个储户的储蓄转变而来的。出于同样的理由,如果目前一家上市公司的治理结构是完备的,理论上我们并不需要过多地关心这家公司的第一大股东是谁,同样更不需要关心第一大股东是否是国有性质。

让我们回到前面提及的万科和南玻A的案例。宝能系通过举牌分别成为万科和南玻A的第一大股东,使这两个企业第一大股东的性质发生了改变。我们看到,同样是第一大股东性质的转变,但对于这两家公司的最终结果却截然不同。在南玻A由9位董事组成的董事会中,除了3位独董,持股比例仅25.77%的宝能系却委派了6位内部董事中的3位,占到全部内部董事的50%。最终,在治理结构相对薄弱的南玻A,宝能系"血洗"南玻A的董事会成为事实;然而,在治理结构相对完备的万科,宝能提出的召开临时股东大会罢免以王石为首的全体董事的议案并没有获得董事会的支持。这在一定程度上印证了我们前面的观点:第一大股东持股比例,进而第一大股东的性质是否重要,关键取决于是否具有制衡的公司治理结构和完备的治理环境。

其次,从上市的那一刻起,股份公司就不再是某个人的公司,而是成为公众公司。成为公众公司不仅意味着具有信息披露的义务,受到监管当局的严格监管,而且还意味着通过持有股份分担风险,股东的利益紧紧捆绑在一起。任何股东提出的议案要想获得通过,都需要取得其他股东的支持。而要想获得其他股东的支持,该股东提出的议案在符合自身利益的同时还需要兼顾其他分散股东的利益。一个不符合其他股东利益的议案将不可避免地招致否决。一个近期发生的例子是为了防范门外"野蛮人入侵",我国上市公司纷纷提出公司章程修改议案,希望以此引入反并购条款。然而,一些公司的相关议案在股东大会的表决中出人意料地未获得通过。其中一个重要原因是,其他股东担心,改变公司治理结构的相关条款会使公司重要事项的决策权落入没有相应责任承担能力的代理机构。即使在一些公司的相关章程修改中,上述议案由于大股东的持股比例较高而获得通过,我们也观察到,市场对该公司上述公告的反应显著为负。这在一定程度上表明那些无法通过"以手投票"来阻止损害股东利益的议案通过的股东已开始选择"以脚投票"。

有趣的是,近年来我国上市公司中,小股东通过行使提案权提出新的议案和通过行使投票表决权否决控股股东提出的议案而发动的"小股东起义"事件频频上演。从 2010 年到 2015 年,我国至少 207 家上市公司中发生所谓的"小股东起义"事件。我们看到，随着我国资本市场的日渐成熟，中小股东也开始逐渐意识到，通过行使自己所拥有的提案权、投票表决权等可以在一定程度上捍卫自己的权利，维护自己的利益。

最后，我国资本市场权利保护的改善和风险分担意识的加强，使得原第一大股东倾向于选择分散的股权结构。历史上包括我国在内的各个国家上市公司倾向于股权集中，恰恰是由于公司治理结构并不完善。为了减少经理人谋取私人收益以损害股东利益的可能性，一些股东会选择相对集中的股权结构。这样便于通过行使投票权将损害股东利益的不称职的经理人及时辞退，以免形成经理人的盘踞。哈佛大学施莱弗（Shleifer）教授领导的研究团队特别发现，在具有普通法法律传统和法律渊源的国家，由于能够向投资者权利提供更好的法律保护，并形成好的治理制度环境，在这些国家，股份公司的股份趋于分散。他们的理论很好地解释了，为什么在英美等国家上市公司的股权高度分散。

出于同样的理由，从原控股股东角度来看，经过多年的发展，我国资本市场不仅具备了一定的分散风险的功能，而且看起来能够保护股东利益的各种外部内部治理框架和法律体系初步成形，把较大比例的股份集中在同一家公司并非其最优选择。我们看到，在南玻 A 的案例中，原第一大股东中国北方工业公司在宝能成为第一大股东后，不仅没有做出增持的反应，

从万科到阿里：
分散股权时代的公司治理

甚至在宝能系血洗南玻 A 董事会事件发生前还进行减持；在万科的案例中，原第一大股东华润则选择以受让深圳地铁的方式退出对万科股份的持有。上述行为的选择一定程度上与国企把业务收缩在主营业务的战略调整有关。毕竟，一些行业不仅不为控股股东所熟悉，而且还耗费控股股东大量的精力和投入，参与该公司的治理，如委派董事、监事和高管等。通过退出自己不擅长、不熟悉的领域，而使自己的业务发展集中于所擅长、所熟悉的领域，可以真正做到有守有为。

需要说明的是，由于资本市场走向成熟和外部法律环境的逐步改善，我国资本市场在不知不觉中已经进入股权分散时代。我国上市公司第一大股东平均持股比例从 2005 年股改前的 40% 以上已下降到目前的 33% 左右。第一大股东持股比例小于 20% 的公司超过 500 家，甚至有 50 家左右的上市公司的第一大股东持股比例不足 10%。上述变化使得第一大股东在公司治理中的作用不再像以往那么重要，第一大股东的性质由此同样变得不再重要。

总结万科和南玻 A 第一大股东性质改变带给公司治理理论和实践的启发，我们看到：其一，第一大股东性质的改变既是重要的，也是不重要的。其重要程度依赖于一个公司治理结构的完善程度。如果一个公司已在一定程度上形成完备的公司治理结构，则第一大股东性质的改变对于企业经营管理的影响就

第三篇
对产权内涵的重新认识

变得无关紧要。其二,在我国资本市场,如同上市公司股权结构将由集中趋于分散将成为常态一样,未来第一大股东性质的转变也将成为常态。其三,国有企业进入什么领域,同时退出什么领域,要依据战略调整方向和业务开展熟悉程度,做到有进有退,有守有为。

第四篇

从万科到阿里：
公司控制权安排的新革命

阿里上市启示录*

2014年9月19日,阿里巴巴在美国纽交所成功上市。从目前阶段看,阿里的上市策略选择无疑是成功的。一方面,通过创造纽交所 IPO 的新神话,阿里一举成为全球知名的企业,再次演绎了通过上市来实现企业战略营销目的的经典故事,为阿里未来全球业务的开展创造了积极条件。另一方面,对于马云本人,除了 Jack Ma(马云的英文名字)像库克、扎克伯格等互联网大亨一样成为青少年心中的偶像外,上市也为马云带来了不仅看得到而且摸得着的财富。在"2014年《福布斯》中国富豪榜"中,马云荣登榜首。

阿里在美国的成功上市,也使我国学术界和实务界再次思考:为什么像阿里这样优质的中国企业未能选择在 A 股上市,甚至也没有选择曾经将其 B2B 业务挂牌的香港地区上市?与

---

* 本文曾以"阿里上市启示录"为题发表于《21世纪商业评论》,2014年第23期。

从万科到阿里：
分散股权时代的公司治理

以往学术界和实务界聚焦上市门槛、速度以及其他潜在成本（事实上我国监管当局近年来致力于降低上市成本的努力已初见成效）不同，此次阿里的上市带来的更多是对新兴企业治理结构创新和监管挑战等方面的全新思考。

回顾阿里上市历程，阿里在港交所上市的主要障碍来自阿里对公司控制权的"过度"要求与上市的"同股同权原则"的冲突。我们知道，同股同权是保护投资者，特别是中小投资者利益的基本制度保障。在20世纪80年代，包括Hart、Grossman、Harris和Raviv等在内的学者从不同角度论证"一股一票"原则优于其他表决规则。在法与金融领域影响十分巨大的Shleifer等四人开展的评价各国法律对投资者权利保护程度的指标构建中也把是否实行一股一票作为重要的因素。

在公司治理实践中，与"一股一票"原则相对应的是所谓的双层股权结构股票（dual-class stocks）。发行双层股权结构股票的公司通常发行两类股票。其中A类股票是一股一票表决权，而B类股票是一股十票。通过同时发行收益权和表决权不对称的B类股票，一家公司的创始人虽然实际投入企业的资金并不多，但可以凭借持有B类股票对公司的重要事务发挥影响。这在学术界被称为"控制权与现金流权利的分离"。上述分离的直接后果是形成权利与责任，从而收益与成本不再对称的"外部性"。双层股权结构由此被理论界（Johnson和

第四篇
从万科到阿里：公司控制权安排的新革命

Classens 等）认为与金字塔结构一样，成为控制性股东盘剥外部分散股东利益、进行隧道挖掘的重要实现机制。例如，创始人通过控制权要求公司为关联企业提供贷款担保，但相应风险则由公司全体股东共同承担。

然而，与上述理论预期相反的是，最近十年来越来越多的新兴企业偏好于包括双层股权结构在内的不平等投票权模式。例如，2004 年 Google 上市即采用了双层股权结构模式。持有 B 类股票的创始人谢尔盖·布林、拉里·佩奇和前首席执行官埃里克·施密特三人通过上述模式实现了对公司超过 50% 的控股权。另一个典型例子来自 Facebook。2009 年 Facebook 宣布调整公司的股权结构，将所有股票分为 A 类和 B 类两种类型。若持有 B 类股票的股东在上市之后选择出售股份，那么这些股票将被自动转换为 A 类股。除了推出双层股权结构，Facebook 还同时实行股权表决协议。在前十轮融资中 Facebook 所有投资者都需要签订这份表决权代理协议，同意在某些特定的需要股东投票的场合，授权扎克伯格代表他们进行表决，且这项协议在 IPO 完成后仍然保持效力。通过双层股权结构与表决协议，扎克伯格不仅避免了股权稀释，保持了控制权的相对稳定，而且排除了短期外部盈利压力，为公司长远发展带来了灵活性。

从阿里在我国香港地区上市尝试的"失败"和在美国上市的成功，我们看到，核心问题依然围绕是否允许马云等对阿

从万科到阿里：
分散股权时代的公司治理

里的绝对控制。阿里巴巴集团 CEO 陆兆禧先生在阿里放弃香港上市后曾提到，"今天的香港市场，对新兴企业的治理结构创新还需要时间研究和消化"。而美国的上市规则则允许马云等通过合伙人制度来掌握控制权。按照马云的说法，"合伙人既是公司的营运者、业务的建设者，又是文化的传承者，同时又是股东"。包括马云在内的 27 个合伙人有权利任命董事会的大多数成员。如果董事候选人遭到股东反对，合伙人可以重新提交候选名单。而合伙人的入选标准是任职集团不少于 5 年且 75% 的合伙人按一人一票原则同意。除了合伙人制度，阿里还通过所谓的可变利益实体（variable interest entitles，VIE）以协议控制来代替股权关系，一方面将利润、资产的合并报表呈报给境外投资者，另一方面以境内运营实体的身份面对法律和监管。通过上述两个制度，阿里将控制权牢牢地掌握在马云等创始人手中。

虽然阿里在相关材料中提及，上述制度"不同于双重股权结构"，但我们看到，经过上述治理结构的创新，阿里一定程度上解决了在 A 股和港交所上市的控制权问题。其实质内涵依然是在阿里的股权结构中推翻了通常采用的同股同权、股权平等原则，推出了高于普通投票权的第二类或超级投票权。为什么越来越多的新兴企业选择双层股权结构这一看起来对投资者利益保护不足的股权发放模式？更重要的是，为什么外部投资

第四篇
从万科到阿里：公司控制权安排的新革命

者在预期到存在利益被盘剥的风险的情况下依然愿意选择购买上述公司的股票？

这不得不从新兴产业的快速发展说起。当一个投资者习惯于对传统周期性产业基于现金流分析利用净现值法轻松判定一个项目是否可行时，一些新兴产业的快速发展使得即使经验丰富的投资者也无法做出准确的判断，甚至无法弄懂其现金流是怎么产生的。我们看到，一方面，技术产生的不确定性可能加剧投资者之间的观点不一致和利益冲突（Bolton，Scheinkman and Xiong，2006），对于相同的项目，投资者很难形成一致意见；另一方面，由于缺乏专业的知识和分析能力，外部分散投资者总体精明程度下降（Frieder and Subrahmanyam，2007），不得不依赖更为专业的IT精英。一个典型的例子是，微软的比尔·盖茨最初并不看好互联网的发展。有人讽刺说，幸亏美国没有像一些国家通过制定产业发展规划来指导产业的发展，而是凭借市场自发的力量；如果美国当时不幸聘请盖茨作为规划IT产业发展的专家，我们将无法看到美国互联网高度发达的今天。我们看到，今天新兴产业的快速发展使得即使是像盖茨一样的资深IT专家都无法准确预测IT行业未来的发展趋势，普通投资者选择新兴产业作为投资目标所面临的挑战可想而知。由于新兴产业快速发展所带来的外部分散投资者与IT精英围绕新兴产业业务模式的信息不对称，外部投资者将理性

从万科到阿里：
分散股权时代的公司治理

地选择把无法把握的业务模式的相关决策交给具有专业知识的 IT 精英，自己在放弃控制权后退化为（类似于"储户"的）资金提供者（lender）。于是，我们注意到在新兴产业公司治理结构选择中，一些企业逐渐放弃以往盛行的"一股一票"原则，转而采用不平等投票权。这使我们想起在西方国家的公司治理司法裁决实践中十分流行的"业务判断规则"。当投资者对经理人做出的经营决策提起诉讼时，法官往往会选择尊重职业经理人做出的专业决策。原因是法官往往只具有法律知识，而并不具备足够的经营知识，更不是经营决策方面的专家。选择尊重职业经理人作为经营专家的决策无疑是明智之举，否则会导致哈耶克所谓的"致命的自负"。而在新兴产业中"不平等投票权"模式的流行同样体现了上述逻辑。

事实上，双层股权结构同时还是围绕新兴产业业务模式的信息不对称，掌握私人信息的 IT 精英向外部投资者发出识别项目信号的"市场解决方案"。对于 IT 精英来说，新的项目需要寻找外部资金的支持，而外部投资者需要识别有潜质的项目。然而，由于 IT 精英与投资者之间关于新兴产业的业务模式的信息不对称，投资者如何选择潜在的投资对象呢？在投资者所观察到的两类潜在项目——一类"同股同权"，一类"不平等投票权"——中，前者并不能向投资者提供更多有用的信息。而此时，如果有部分企业推出双层股权结构不啻在向投资

第四篇
从万科到阿里：公司控制权安排的新革命

者昭告，"业务模式你们不懂，但我懂，你们只需要做一个普通出资者就够了"，这无疑会吸引为无法理解一个新兴企业的业务模式而困惑不解的投资者的目光。在这一意义上，双层股权结构的推出恰恰构成资本市场解决围绕业务模式的信息不对称问题的一个重要信号，而传递信号是解决市场信息不对称的重要途径之一（Akerlof，1970）。在识别该公司通过推出双层股权结构发送的"我是专家，听我的"信号后，普通外部投资者将进一步通过研究机构的分析和媒体的解读以建立对创始人的初步信任，上述新兴产业由此成为普通投资者青睐的投资对象。这就是我们今天观察到的包括双层股权结构在内的不平等投票权模式在美国等一些成熟市场不仅没有由于对投资者权利保护不足的指责而消退，反而逆势上扬，成为很多新兴产业优先考虑的股权发放模式的另外一个重要原因。

双层股权结构中的两类股票由于所包含的表决权的不同，其转让的价格自然是不同的。Barclay（1989）和 Nenova（2003）等学者的研究表明，在 B 类股票与 A 类股票的转让价格之间存在着明显的溢价。该溢价被用来度量控制性股东预期到未来通过持有 B 类股票形成对公司的实际控制而可能获得的控制权私人收益。按照杨小凯（1995）的企业理论，企业存在的作用之一是对企业家人力资本的间接定价。如果一个企业家不能通过被一家企业雇用作为职业经理人而直接对其人力资本进行定

从万科到阿里：
分散股权时代的公司治理

价，另外一个可能是自己创办一家企业，支付了雇员工资等合同收益后的剩余反映的就是企业家作为人力资本的价格。企业家通过创业的方式事实上是完成了对自己人力资本的"间接定价"。与上述逻辑一致，我们看到，两类股票溢价的出现除了可能反映控制性股东对未来可能获得的控制权私人收益的预期，同时也可能反映创始人人力资本的部分价值，或者说是对创始人人力资本的间接定价。

简单总结一下新兴产业通过双层股权结构等控制权实现形式完成的公司治理结构的创新所包含的合理成分，我们看到至少应该体现在以下三个方面：其一，新兴产业业务模式的不确定性使得投资者不得不依赖创始人的专业知识，而使自身退化为简单的"资金的提供者"；其二，双层股权结构的推出成为投资者识别具有独特业务模式并有相应解决机制的潜在投资对象的信号；其三，看起来比普通股票价格更高的不平等投票权的转让包含着对创始人人力资本价值的补偿因素，是对创始人人力资本的间接定价。因此，监管当局应正视并积极回应上述公司治理结构创新的合理性，并着手研究，以在未来适当时机推出适应上述创新的更加灵活的上市政策。

除了双层股权结构，在公司治理实践中，公司还可以选择股东之间的表决协议、超过投票控制的董事代表比例以及家族成员作为 CEO 或董事长等方式来"人为制造"事实上的"不

第四篇
从万科到阿里：公司控制权安排的新革命

平等投票权"，以加强对企业的控制权。我们理解，阿里在美国上市过程中推出的"合伙人制度"事实上十分类似于投票表决协议：通过合伙人的一致行动来实现对控制权的把握，主要体现在"有权利任命董事会的大多数成员"。

按照马云的解释，合伙人制度的潜在好处除了实现对公司的控制外，还可以避免官僚主义和等级制度，有利于"保证合伙人精神，确保公司的使命、愿景和价值观的持续发展"。在阿里的合伙人中，除了马云和蔡崇信为永久合伙人外，新的合伙人将依据"品德、价值观、对公司的贡献"等产生。上述无法在法律上证实，甚至不可观察的"软"标准，显然会为阿里合伙人制度未来的执行带来某种不确定性。而包括投票表决协议在内的不平等投票权实现机制面临的最大挑战是创始人不可替代的核心作用。正如学术界通常提及的，离开巴菲特，以董事会任人唯亲为特征的Berkshire Hathaway公司将一无是处。我们同样担心：离开马云的阿里可能就不再是阿里。这将是未来新兴产业伴随着公司治理结构的上述创新为监管部门带来的同样重大的挑战。不过，好在马云和他的阿里巴巴天然带着"市场"这一良好的"基因"，也许可以通过未来进一步的制度创新来应对今天公司治理结构创新所带来的挑战。

互联网金融时代的公司治理[*]

近年来基于互联网的众筹等新型融资方式的快速发展,预示着一个全新的互联网金融时代即将到来。那么,互联网金融时代的来临将为关注投资者权利保护的公司治理带来哪些变化呢?

与传统融资模式相比,互联网金融具有以下全新特征。

第一,消费者与投资者之间的边界变得模糊。

在传统产业(含金融业),消费者与投资者之间的边界是非常清晰的。例如,在银行业,储户是金融服务的消费者,持有银行所发行股票的股东则是投资者。即使部分银行股东与所持股银行有存贷款业务,但消费者与投资者二者之间的边界是清晰的。

而在互联网金融时代,随着众筹平台的兴起,以及与支付

---

[*] 本文曾以"互联网金融时代的公司治理"为题发表于《经济观察报》,2015年7月11日。

第四篇
从万科到阿里：公司控制权安排的新革命

宝、余额宝等服务捆绑在一起的基于互联网的金融服务提供，消费者与投资者之间的边界日益模糊。例如，商品众筹项目的投资者往往首先是对所提供的产品或服务感兴趣，并成为该平台所推出的产品和服务的最初体验者，进而成为投资者。而给支付宝或余额宝账户充值的用户往往也是与阿里巴巴关联的淘宝购物的忠实消费者。边界的模糊甚至利益的冲突使如何有效保护投资者（或消费者）的权益变得困难。

第二，投资者进入门槛低，责任承担能力差。

在这种普惠和众筹的融资模式中，投资者扮演的角色与成为股东承担有限责任同时通过投票表决参与重大资产重组和战略调整的预期有着明显的不同。投资者的进入门槛较低，对众筹项目感兴趣的消费者随时都可以成为投资者。进入门槛低的结果使其无法像普通股东一样基于传统公司治理框架通过表决参与企业决策，同时作为最后责任人承担相应责任。与通过持有表决权的股票参与公司的重大决策而未来稳定获得股利回报的传统模式相比，互联网金融时代的投资者更加看重的是以资本利得方式实现的短期回报及其背后的收益权，而不是控制权。

第三，业界精英与普通投资者之间在业务模式上存在严重的信息不对称。

互联网金融时代，基于大数据，融资双方的信息不对称问

从万科到阿里：
分散股权时代的公司治理

题有所减缓，但与此同时，金融业务模式的快速创新反而使业界精英与普通投资者之间围绕业务发展模式的信息不对称加剧。如果说传统行业投资者基于对未来现金流的估算利用净现值法就可以对一个项目是否可行做出判断，那么互联网金融时代业务模式的快速发展使得一般的投资者无法理解业务模式，从而无法弄清楚现金流到底如何产生。一些研究发现，技术产生的不确定性加剧了投资者之间观点的不一致和利益冲突，以至于认为股价虚高的股东很容易将所持有的股票转手给认为股价仍有上升空间的潜在投资者，使现在投资者与将来投资者之间存在严重的利益冲突。另一些研究则发现，由于缺乏专业的知识和相关分析技能，外部分散投资者的总体精明程度下降，而不得不依赖专业精英。

第四，对技术或金融创新公司价值进行合理评估面临困难。

技术和金融的创新使得对互联网金融公司的价值评估需要更多地从行为金融的视角进行解读，这给传统的资产定价理论带来了新的挑战。以美国的 Uber 为例。2014 年中期 Uber 以 180 亿美元的隐含价值筹集了 12 亿美元。仅仅 6 个月后，它又以 400 亿美元的隐含价值筹集了 12 亿美元。而同期美国出租车行业的总收入估值为 110 亿美元，所以 Uber 的估值几乎是整个美国出租车行业总收入的 4 倍。因此，要想证明上一次

第四篇
从万科到阿里：公司控制权安排的新革命

Uber的估值是合理的，投资者必须相信Uber将接管相当于整个美国出租车行业的交通业务，然后以一个巨大的增长率来扩展它，然而目前来看这显然不太可能。脱离真实价值创造的非理性繁荣会不当地抬高资产价格，使得投资者对技术或金融创新公司价值的评估面临困难，投资者缺乏一致认同的公司治理基础。与对技术或金融创新公司价值难以合理评估相伴随的是技术或金融创新的资产价格泡沫的频繁出现，持续的时间通常会超过预期。唯一值得庆幸的是，泡沫的破裂对宏观经济产生的影响有限。与信贷和楼市泡沫相比，股市泡沫的危害性要弱得多。

上述全新的融资模式特征使传统公司治理范式在互联网金融时代面临巨大挑战。我们知道，传统的公司治理政策制定的现实出发点是保护中小投资者的利益。在Berle和Means范式下，公司治理面临的主要问题是经理人与投资者之间的信息不对称和融资合约不完全的问题。而资本的责任能力使得投资者在解决上述问题中处于主导地位。一方面，投资者通过成为公司股东，享有剩余控制权（对资产重组和经营战略调整的表决权）和剩余索取权（以出资额为限承担有限责任），以解决融资合约不完全问题；另一方面，投资者通过设立董事会来遴选、监督和激励经理人，以解决信息不对称问题。我们可以把Berle和Means范式下的资本与劳动关系概括为"资本雇佣劳动"。

从万科到阿里：
分散股权时代的公司治理

随着互联网金融时代的来临，大数据的平台共享一定程度上减缓了融资双方的信息不对称；而快速便捷的网络则有助于实现信息及时更新和合约动态调整，这使得合约不完全问题变得并不严重。投资者与消费者身份的重叠又使得资本的责任能力弱化了许多，以往相对稀缺的资本退化为普通的生产资料。任何需要资金支持的项目都可以借助互联网金融轻松实现外部融资，而不再受到资本预算瓶颈的限制。业务模式竞争背后更多反映的是"人力资本的竞争"。"劳动（创新的业务模式）雇佣资本（通过互联网实现外部融资）"的时代悄然来临。

那么，互联网金融时代的公司治理应该进行怎样的革新呢？

首先，从"一股一票"（同股同权）到不平等投票权。

传统的"一股一票"原则被认为更有利于保护中小投资者的利益。但在互联网金融时代，由于新兴产业快速发展所带来的外部分散投资者与IT精英围绕新兴产业业务模式的信息不对称，外部投资者将理性地选择把无法把握的业务模式的相关决策交给具有专业知识的IT精英，自己在放弃控制权后退化为（类似于"储户"的）资金提供者。这是在创业者的控制权尤为重要的高科技企业盛行不平等投票权的重要原因。例如，2014年4月，Google在原来发行不平等A类股票（一股一票）和B类股票（一股十票）的基础上，进一步推出没有

第四篇
从万科到阿里：公司控制权安排的新革命

表决权的 C 类股票（一股零票），投资者从开始抵触到逐步接受甚至没有表决权的股票。

事实上，双层股权结构同时还是围绕新兴产业业务模式的信息不对称，掌握私人信息的 IT 精英向外部投资者发出识别项目信号的"市场解决方案"。对于 IT 精英，新的项目需要寻找外部资金的支持，而外部投资者需要识别有潜质的项目。然而，由于 IT 精英与投资者之间围绕新兴产业业务模式的信息不对称，投资者如何选择潜在的投资对象呢？在投资者所观察到的两类潜在项目——一类"同股同权"，一类"不平等投票权"——中，前者并不能向投资者提供更多有用的信息。而此时，如果有部分企业推出双层股权结构不啻在向投资者昭告，"业务模式你们不懂，但我懂，你们只需要做一个普通出资者就够了"，这无疑会吸引为无法理解一个新兴企业的业务模式而困惑不解的投资者的目光。在这一意义上，双层股权结构的推出恰恰构成资本市场解决围绕业务模式的信息不对称问题的一个重要信号。①

2014 年 9 月，在美国纽交所上市的阿里巴巴以"合伙人制度"变相推翻了同股同权原则，推出了事实上的不平等投票权。有趣的是，当初以违反同股同权原则为由拒绝阿里巴巴上

---

① 参见郑志刚，"阿里上市启示录"，《21 世纪商业评论》，2014 年 11 月 15 日。

从万科到阿里：
分散股权时代的公司治理

市的港交所近期发布公告，拟有条件容许公司采用"同股不同权"架构在港上市。

其次，从"经理人"中心的公司治理到"企业家"中心的公司治理。

与持续数百年至今仍生机勃勃的日本温泉酒店和传统制造业的百年老店相比，伴随着泡沫兴起和破裂，基于互联网的企业生命周期呈现逐渐缩短的趋势。在外部融资不再成为约束，而人力资本变得"稀缺"的互联网金融时代，只有极具创新理念、不断推出新的业务模式的企业家所率领的团队才能在激烈的竞争中脱颖而出。如何帮助投资者识别把握商机、发现市场和创造价值变成互联网金融时代经理人的重要使命。

阿里推出的合伙人制度事实上具备了企业家中心的公司治理范式的雏形。通过组建拥有董事提名权的合伙人，阿里在董事会之上形成了一个新的董事会，只不过他们是以合伙人集体履行董事会中的"特殊董事长"的作用。通过构建"董事会中的董事会"，阿里实现了"铁打的经理人（合伙人），流水的股东"。作为对照，传统的经理人中心公司治理范式的核心是监督、约束和激励经理人以降低代理成本。在股东主导的治理模式上，"铁打的"是股东（控股股东），而"流水的"则是经理人。

由于公司治理从经理人中心到企业家中心的转变，使得在

第四篇
从万科到阿里:公司控制权安排的新革命

互联网金融时代的创始人在企业发展过程中具有不可替代的核心作用。所谓"离开马云的阿里可能就不再是阿里"。这使企业未来如何传承成为互联网金融时代公司治理迫切需要开展的研究课题。

再次,伴随着互联网金融的普及,家族信托和公益性基金会广泛兴起,并大行其道。

企业家所创造财富的未来归属和企业家退出机制是互联网金融时代公司治理面临的重大问题。考虑到巨额遗产税开征以及继承人的能力,步入年迈的第一代财富创造者并不情愿简单把创立的企业交给"富二代"了事。帮助家族理财的"家族信托"和"公益性基金"由此开始广泛兴起,并大行其道。其突出特点是,资产的所有权、经营权和收益权是"三权分离"的。所有权属于公益性基金,日常的经营决策则通过公益性基金聘请的专业管理团队实现,"富二代"无权干预企业日常的经营决策,但"富二代"享有投资的收益权。通过上述方式,互联网金融企业的创业者实现从作为"雇佣资本的劳动"到"被其他劳动雇佣的新资本"的转变。传统公司治理的理念未来在家族信托和公益性基金的运行中将依然大有用武之地。

最后,监管当局从强制性信息披露到未来选择性信息披露。

从万科到阿里：
分散股权时代的公司治理

安然事件等会计丑闻发生后，为了避免出现类似的会计造假，美国于 2002 年推出《萨班斯-奥克斯利法案》，对公众公司信息披露提出了更高的要求。然而，学术界之后开展的大量经验研究表明，苛刻的信息披露反而有损于企业的价值，投资者对《萨班斯-奥克斯利法案》出台的市场反应显著为负。容易理解，在互联网金融时代，一方面，基于大数据的互联网信息共享使得互联网金融自身的信息不对称程度相对较低；另一方面，互联网金融业务模式涉及商业机密，严格的披露制度将使企业陷入两难。因此，未来监管当局需要调整信息披露政策，逐步实现从强制性信息披露到选择性信息披露的转变，以适应互联网金融发展的特点。

从万科到阿里:公司控制权安排的新革命*

2015年7月10日,宝能系通过连续举牌,持股比例增至15.7%,超过华润,成为万科第一大股东,万科股权之争爆发。这场股权之争从开始就注定了不是一场普通的并购。并购对象万科的管理层是以王石为首的创业团队,使万科股权之争很快陷入是应该遵循资本市场的股权至上的逻辑还是应该对创业团队的人力资本投资进行鼓励的争论之中。万科究竟是谁的万科?是王石创业团队、原第一大股东华润,还是举牌后的新股东宝能?我们用"悲催"两个字来形容面对控制权之争的万科。

万科股权之争在股权结构上呈现出一些不同于以往的新特点。例如,不存在绝对控股的大股东,"一股独大"成为历

---

* 本文曾以"从万科到阿里:公司控制权安排的新革命"为题发表于《财经》,2016年11月18日。

从万科到阿里：
分散股权时代的公司治理

史；同时存在两个，甚至多个持股比例接近的股东；门外的"野蛮人"不断在撞门；而管理层也不再是温顺的待宰羔羊。无独有偶，在我国资本市场进入后股权分置时代，随着全流通带来股权变更、实现资产重组的便利，第二大股东通过在二级市场公开举牌，一举成为第一大股东现象屡见不鲜。不仅如此，我国资本市场频繁发生"小股民起义"，个别公司甚至同时出现两个董事会。① 我们由此判断，随着我国资本市场从股权集中进入到股权分散的发展阶段，万科股权之争一定意义上标志着我国资本市场股权分散时代的来临。

如果说万科股权之争预示着伴随并购活动的日趋活跃，门外"野蛮人"入侵现象会频繁发生，那么，我们应该如何保护和鼓励创业团队以业务模式创新为特征的人力资本投资呢？

与悲催的万科陷入"谁的万科"的争论不同，不仅在过去和现在，即使在未来很长一段时期依然会被控制在马云创业团队手中的阿里则显得比万科"庆幸"得多。2014年9月19日，阿里在美国纽交所成功上市。从阿里的股权结构来看，第一大股东软银（日本孙正义控股）和第二大股东雅虎分别持股31.8%和15.3%，远超阿里合伙人团队所共同持有的13%，而马云本人持股仅7.6%。然而，根据阿里公司章程的相关规

---

① 参见"'股票就是选票'，股民也是股东"，《南方周末》，2014年7月4日。

第四篇
从万科到阿里：公司控制权安排的新革命

定，以马云为首的34位合伙人有权利任命董事会的大多数成员，从而成为公司的实际控制人。

收获"庆幸"的事实上远不止阿里。2014年在美国纳斯达克上市的京东同时发行两类股票。其中，A类股票一股具有一票投票权，而B类股票一股则具有20票投票权。出资只占20%的创始人刘强东通过持有B类股票，获得83.7%的投票权，实现了对京东的绝对控制。京东加入到Google、Facebook等众多选择发行具有不平等投票权的双层股权结构股票来实现创业团队对公司实际控制的企业行列，演绎了互联网时代"劳动雇佣资本"的新神话。而美国等一些国家由于允许发行双层股权结构股票，成为百度、奇虎、搜房、优酷、猎豹移动和YY语音等中国知名企业选择上市的目标市场。

我们看到，无论使京东发行的双层股权结构股票还是阿里的合伙人制度，它们的共同特征是以有限的出资额，通过实际或变相推出"不平等投票权"，实现了对企业的实际控制，形成了"铁打的经理人，流水的股东"的局面。那么，我们如何解释这些"阿里们"在控制权安排上通过"不平等投票权"的控制权安排而收获的"庆幸"呢？

对于这一问题，我们首先要从2016年诺贝尔经济学奖得主哈特（Hart）教授发展的不完全合约理论和"现代股份公司之谜"说起。"股份有限责任公司"被经济学家巴特勒（Butler）

从万科到阿里：
分散股权时代的公司治理

称为"近代人类历史中一项最重要的发明"，这是因为在过去的 250 年中人类财富"几乎是垂直上升的增长"（Delong & Maddison）是与股份有限公司的出现联系在一起的。以往学者从风险分担，以及借助股份有限责任公司实现的资本社会化与经理人职业化的专业化分工带来的效率提升来解释现代股份公司的出现。但上述视角始终不能解释为什么外部分散投资者愿意把自有资金交给陌生的经理人来打理？更何况 Berle 和 Means 早在 1932 年就明白无误地指出，由于外部分散股东将面临所聘请的经理人挥霍的公司治理问题，将使股东蒙受巨大损失，不仅"对过去三个世纪赖以生存的经济秩序构成威胁"，同时成为 20 世纪二三十年代大萧条爆发的重要诱因之一。我们把上述问题概括为"现代股份公司之谜"。

直到哈特与他的合作者格罗斯曼和摩尔（Grossman and Moore）等共同发展了不完全合约理论，才对投资者为什么愿意出资组成股份公司并聘请职业经理人的"现代股份公司之谜"给出了系统一致的解释。我们看到，在决定是否组建现代股份公司的一刻，无论是外部投资者还是职业经理人都无法预期公司未来是否会发生重大资产重组和经营战略的调整。由于合约不完全，一旦投资，外部投资者将可能遭受实际控制公司的经理人通过资产重组等掏空公司资产的行为，使股东的利益受到损害。我们把经理人通过资产重组等掏空公司资产的行为

第四篇
从万科到阿里：公司控制权安排的新革命

称为经理人机会主义。预期到由于合约不完全导致的经理人机会主义行为的存在，投资者显然并不愿意出资，这使得利用资本社会化和经理人职业化提升效率的现代股份公司无法形成。但如果外部投资者享有该公司受法律保护的剩余控制权，即投资者有权通过股东大会投票表决的方式对未来可能出现的诸如资产重组等事项进行最终裁决，投资者就变得愿意出资，成为该公司的股东。通过上述控制权安排（习惯上称为"产权安排"），现代股份公司在一定程度上解决了以往由于合约不完全导致的投资者投资激励不足问题，使得现代股份公司成为名副其实的"近代人类历史中一项最重要的发明"。"股权至上""同股同权"等由此成为长期以来各国企业控制权安排实践的标准范式。

不完全合约理论很好地解释了为什么股东成为现代股份公司的所有者，从而揭示了同样作为出资人，股东与债权人权利为什么会不同的原因。但哈特的理论似乎并不能对持股比例低于主要股东（软银和雅虎）的马云创业团队却实际控制阿里的现象做出更多解释。如果马云创业团队的人力资本投资是专用性投资，需要通过控制权安排进行专用性投资激励，难道软银和雅虎的投资就不是专用性投资，因而不需要相应的控制权安排来进行专用性投资激励吗？

由于合伙人制度和双层股权结构等通过"不平等投票权"

从万科到阿里：
分散股权时代的公司治理

的控制权安排在形式上似乎突破了以往流行的"股东利益保护导向"范式，被一些学者认为是公司治理从传统"股东利益保护导向"范式转向"利益相关者利益保护导向"范式的新证据。按照布莱尔（Blair）等的观点，企业的经营决策影响到所有利益相关者，经理人应该对所有利益相关者负责，而不能只对股东（一部分利益相关者）负责。梯若尔（Tirole）把其特征概括为经理人广泛的任务和利益相关者之间控制权的分享。专用性资产被利益相关者论认为是决定公司控制权的核心因素，不仅软银和雅虎等投资的物质资本，马云创业团队的人力资本同样可以成为阿里的专用性资产。随着阿里中马云创业团队资产专用性和资源关键程度的提高，阿里的控制权应该由马云创业团队与软银、雅虎等股东分享，而不是由软银、雅虎等股东独享。利益相关者理论看似可以为以"不平等投票权"为特征的新兴控制权安排模式提供部分解释。

然而，新兴控制权安排模式呈现出一些与利益相关者理论与预测不尽相同的特征。其一，在双层股权结构和合伙人制度推出之前，无论马克思从阶级斗争的视角揭示资本对劳动的剥削，还是布莱尔呼吁应该由利益相关者"共同治理"，都反映了一个基本事实：资本对公司控制权的放弃显得不情不愿。例如，1990年美国宾州议会通过强调"董事应该考虑受他们决策影响的所有利益相关者的利益"的36号法案后，占在该州

第四篇
从万科到阿里：公司控制权安排的新革命

注册上市的公司总数的 33% 的企业宣布"退出"至少部分条款。而合伙人制度、双层股权结构这些新兴控制权安排模式的出现却表明，不仅阿里主要股东软银、雅虎心甘情愿把控制权交给马云的创业团队，而且持有 A 股股票的外部分散股东用购买行动表明其愿意接受持有 B 股的创业团队对公司实际控制的事实。其二，通过合伙人制度和双层股权结构所实现的不平等投票权并非像利益相关者理论所预期的那样由利益相关者共同分享控制权，经理人向全体利益相关者共同负责，而是将控制权更加集中地掌握到阿里合伙人团队或持有 B 股的创业团队手中。因而，以不平等投票权为特征的新兴控制权安排模式选择一定意义上已经超越了资产"谁"更专用，或资源"谁"更重要的"孰优孰劣"的争论和"优方"雇佣"劣方"，或"劣方"被迫让渡部分控制权给"优方"的模式，而是开启了"合作共赢"新模式。在上述意义上，我们可以把以阿里合伙人制度和 Google、京东等发行双层股权结构股票等实现的以"不平等投票权"为特征的新兴控制权安排模式称为现代股份公司控制权安排的一场"新革命"。

我们因此需要发展新的理论来回应上述现代股份公司控制权安排实践"新革命"对传统不完全合约理论与利益相关者理论的新挑战。

第一，我们需要了解这次控制权安排实践"新革命"发

从万科到阿里：

分散股权时代的公司治理

生的时代背景。其一，在互联网时代，大数据的出现在使投融资双方的信息不对称问题有所减缓的同时，新兴产业的快速发展反而使创业团队与外部投资者之间围绕业务发展模式的信息不对称加剧。当外部投资者习惯于基于现金流分析利用净现值法来判断一个生命周期特征明显的传统产业项目是否可行时，以互联网为代表的新兴产业的快速发展使得他们甚至很难理解特定业务模式的现金流是如何产生的。我们看到，一方面，技术产生的不确定性使得投资者之间的观点变得更加不一致，以至于认为股价虚高的股东很容易将所持有的股票转手给认为股价依然有上升空间的潜在投资者，使得现在"股东"与将来"股东"之间的利益冲突严重；另一方面，由于缺乏专业的知识和分析能力，外部投资者的总体精明程度下降，不得不转而依赖引领业务模式创新的创业团队。

其二，在股权分散时代，以往经理人利用资产重组掏空公司资产等传统经理人机会主义行为倾向，逐步被门外野蛮人入侵等股东机会主义行为威胁所代替。随着人类社会财富的积累和资本市场制度的发展成熟，特别是互联网金融时代的来临，大数据等数据基础和云计算等分析技术使得信息不对称程度缓解，外部融资门槛降低，以往相对稀缺的资本退化为普通的生产资料。需要资金支持的项目可以借助基于互联网的多种新金融模式实现外部融资，而不再受到资本预算瓶颈的限制。业务

第四篇
从万科到阿里：公司控制权安排的新革命

模式竞争背后更多反映的是"人力资本的竞争"。"劳动（创新的业务模式）雇佣资本（通过互联网实现外部融资）"的时代悄然来临。在劳动雇佣资本时代，作为新兴产业业务发展模式的引领者与管理效率的提升者的创业团队的人力资本逐渐成为稀缺资源，合约不完全所引发的事前专用性投资激励不足问题所导致的经理人利用资产重组掏空公司资产等传统经理人机会主义行为倾向，逐步被"门外野蛮人入侵"等股东机会主义行为威胁所代替。这集中体现在，最近几十年伴随着并购浪潮，资本市场频繁发生"门外野蛮人入侵"现象。美国的并购浪潮不仅使理论界和实务界认识到并购重组在缓解产能过剩方面、接管威胁在改善公司治理方面的重要作用，同时也使人们意识到外部接管对创业团队人力资本投资的巨大威胁。例如，乔布斯同样由于控制权的不当安排一度被迫离开自己亲手创办的苹果公司。而近期爆发的万科股权之争开始使中国资本市场意识到"门外野蛮人入侵"威胁的真实存在。宝能通过举牌成为万科的第一大股东，并一度提议召开特别股东大会，罢免以王石为首的万科创业团队。我们看到，"门外野蛮人入侵"如同重大资产重组和经营战略调整一样，都是合约通常无法预期和涵盖的内容，因而一定程度上都与合约的不完全有关。如果预期到辛勤打拼创建的企业未来将轻易地被"野蛮人入侵"，以业务模式创新为特征的创业团队的人力资本投资激励将大为降低。因而，没有对"野蛮人入侵"设置足够高的门槛将挫伤的不仅是创业团队人力资本投资的积极性，甚至会伤及整个社会创新的推动和效率的提升。

我们看到，上述控制权安排新模式的出现正是"阿里们"在新兴产业快速发展过程中面对信息不对称加剧和"野蛮人入侵"的股东机会主义行为频繁发生的时代背景下，所做出的自发选择和形成的内生决定的市场化解决方案。

第二，上述时代背景下，最优的控制权安排是在具有可承兑收入之间的创业团队与主要股东之间的状态依存。按照哈特的不完全合约理论，除了剩余控制权，产权所有者还具有剩余索取权，以此来实现剩余控制权与剩余索取权的匹配。这里所谓的剩余索取权指的是最终控制人将拥有在扣除固定的合约支付（例如雇员的薪酬、银行贷款的利息等）后企业收入剩余的要求权。受益顺序排在合同支付者之后决定了产权所有者享有剩余索取权的实质是承担企业生产经营的风险。一定程度上，我们可以把剩余控制权理解为权利，而把剩余索取权理解为义务，二者的匹配意味着权利和义务的对称。如果没有资金投入的其他利益相关者（诸如普通雇员等）与软银和马云合伙人团队一起分享阿里控制权，由于他们缺乏足够的以持股体现的可承兑收入来表明其所做出的未来承担风险的承诺是可置信的，由此将对软银等股东的未来投资激励产生影响。因而，

第四篇
从万科到阿里：公司控制权安排的新革命

成为产权所有者需要具备的基本前提是持有足够高的股份，从而具有可承兑收入。我们以阿里为例。持股只有7%的马云可以借助合伙人制度成为阿里的实际控制人，但并不持股的普通雇员、消费者等利益相关者则并不能与马云合伙人分享控制权。按照阿里公司章程，当马云持股不低于1%时，合伙人对阿里董事会拥有特别提名权，可任命半数以上的董事会成员。在目前组成阿里董事会的11位董事中，除了5位独立董事和1位由第一股东软银委派的观察员，其余5位执行董事全部由阿里合伙人提名。不仅如此，除了总裁Michael Evans外，其余4位执行董事均由阿里合伙人出任。

而所谓控制权的状态依存指的是，以提名主要董事为特征的阿里控制权，或者在企业经营正常时由马云创业团队掌握，或者在马云持股低于1%时由软银雅虎等主要股东掌握。对于双层股权结构，如果持有B级股票的股东在上市之后选择出售股份，这些股票将被自动转换为A级股。如果创业团队对未来业务模式的创新仍然有信心，那就由创业团队继续成为公司的实际控制人，引领公司向前发展。如果创业团队对业务模式创新和新兴产业发展趋势不再具有很好的理解和把握，通过把B级股转为A级股，创业团队重新把控制权"归还"给股东，由股东根据利益原则以及相关公司治理最优实践来选择能够为股东带来高回报的全新管理团队。

从万科到阿里：
分散股权时代的公司治理

第三，上述状态依存的控制权安排的实质是完成了创业团队与外部投资者之间从短期雇佣合约到长期合伙合约的转化，实现了交易成本的节省。具体而言，它体现在以下四个方面。

其一，不平等投票权成为信息不对称下外部投资者在潜在项目中识别"阿里们"独特业务模式的信号。由于新兴产业的快速发展使创业团队与外部投资者之间围绕业务发展模式的信息不对称加剧，一方面希望获得外部资金支持来加速独特业务模式发展的"阿里们"很难获得外部融资，而另一方面外部投资者则很难找到具有投资价值的项目，出现逆向选择的困境。此时，"阿里们"通过对公司实质控制的合伙人制度或双层股权结构向外部投资者发出不同于以往"同股同权"控制权安排模式的新信号。通过这一信号，创业团队明白无误地告诉外部投资者，"业务模式你们不懂，但我们懂，你们只需要做一个普通出资者就够了"。这一信号使阿里们与其他基于"同股同权"的传统控制权安排模式的项目相区别，由此成为投资者关注的投资对象，并进一步成为主要股东选择与创业团队建立长期合作共赢的"合伙人"关系的开始。

其二，借助合伙人制度所实现的长期合伙合约对短期雇佣合约的替代，软银等股东可以把自己无法把握的业务模式相关决策交给具有信息优势同时值得信赖的"合伙人"——马云创业团队，实现信息的分享。在新的时代背景下，围绕业务模

第四篇
从万科到阿里：公司控制权安排的新革命

式的信息不对称在创业团队与外部投资者之间开展的新的博弈均衡是：一方面，软银等股东理性地选择把无法把握的业务模式相关决策交给具有信息优势的阿里创业团队。另一方面，引领业务模式创新的马云合伙人团队为软银等股东带来更加丰厚的投资回报。于是，在马云创业团队和软银、雅虎等股东之间通过认同合伙人制度彼此确立了长期合作共赢的"合伙人"（合作伙伴）关系，实现了从短期雇佣合约向长期合伙合约的转化和信息的分享。

其三，合伙人制度也成为合约不完全情况下阿里创业团队防御"野蛮人入侵"等股东机会主义行为的重要门槛，因而成为鼓励创业团队进行更多的人力资本投资的控制权安排模式。在软银、雅虎等股东的认同下，阿里创业团队以合伙人制度实现对阿里的实际控制，使得他们可以对不完全合约中尚未涉及的事项的事后处置具有重要的影响力。由于阿里创业团队预期到公司未来的运营管理将牢牢地控制自己手中，他们对未来被控股股东"扫地出门"，甚至"外部野蛮人入侵"等股东机会主义行为威胁变得不再担心。这样，面对创业团队未来遭受包括"外部野蛮人入侵"等股东机会主义行为的可能性增加，合伙人制度把马云创业团队与软银等股东之间的雇佣与被雇佣关系转变为风险共担的合伙人关系，由此鼓励了他们在充满不确定性的阿里业务发展模式中积极进行人力资本投资。

从万科到阿里：

分散股权时代的公司治理

其四，在合伙人制度或双层股权结构这一"长期合伙合约"下，合伙人或持有 B 股的创业团队成为公司中事实上的"不变的董事长"或者说"董事会中的董事会"，实现了"铁打的经理人，流水的股东"的局面。我们以阿里为例。一方面，通过管理团队的"事前组建"，合伙人制度提升了阿里的管理效率。我们看到，阿里 80% 的执行董事和几乎全部高管全都由阿里合伙人出任，合伙人团队不仅事前形成阿里上市时管理团队的基本构架，以此避免以往团队组建过程中磨合所形成的各种隐性和显性成本，而且成为阿里未来管理团队稳定的人才储备库。另一方面，通过"事前组建"的管理团队，合伙人制度也同时实现了公司治理机制的前置。对于无法回避的公司治理问题，现代股份公司通过董事会监督、经理人薪酬合约设计等公司治理机制来减缓代理冲突，降低代理成本，而阿里通过"事前组建"的管理团队，预先通过共同认同的价值文化体系的培育和雇员持股计划的推行，使公司治理制度设计试图降低的私人收益不再成为合伙人追求的目标，从而使代理问题在一定程度上得以事前解决。

阿里合伙人制度由此通过事前长期共同文化价值体系的构建、收入分配构架的构建和对合伙人持股的相关限定，在阿里赴美上市前，将所有合伙人从精神到物质（利益）紧紧捆绑在一起，与软银、雅虎等股东共同作为阿里的最后责任人来承

第四篇
从万科到阿里：公司控制权安排的新革命

担阿里未来经营风险。在一定意义上，软银、雅虎等阿里主要股东放弃坚持资本市场通行的"同股同权""股权至上"等原则，是在向具有良好声誉和巨大社会资本，同时"事前组建管理团队"和"公司治理机制前置"的阿里创业团队支付溢价。

第四，并非所有的创业团队都可以通过推出合伙人制度或发行双层股权结构股票来形成不平等投票权的控制权安排模式，它需要一些前置条件。我们仍然以阿里为例。在 2014 年在美国上市之前，创立于 1999 年的阿里早已成为驰名全球的企业间电子商务（B2B）的著名品牌。由于在 2004 年推出第三方支付平台——支付宝，阿里进一步在互联网移动支付业务领域声名鹊起。从 2009 年起人为打造的双十一网购狂欢节，在 2015 年 11 月 11 日创下全天交易额 912.17 亿元的纪录，使该节日不仅成为中国电子商务行业的年度盛事，并且逐渐影响到国际电子商务行业。这些电子商务业务发展"领头羊"的良好声誉使得阿里在与外部投资者合作的讨价还价过程中居于十分有利的地位。此外，马云创业团队不仅作为阿里股份的实际持有人具有可承兑收入，而且通过与员工、供货商、银行和政府建立长期稳定关系形成巨大的社会资本。这些因素共同构成了阿里创业团队与软银、雅虎等股东构建长期合伙合约关系的基础。

我们把不同控制权安排模式下节省交易成本的途径的比较

从万科到阿里:
分散股权时代的公司治理

总结在表 1 中。

表 1 不同控制权安排模式下的交易成本节省途径的比较

交易成本 节省途径 \ 控制权模式	股权至上	合伙人制度	双层股权结构	利益相关者
控制权安排模式	同股同权	不平等投票权	不平等投票权	控制权分享
控制权是否分享	股东独享	股东与创业团队控制权状态依存	股东与创业团队控制权状态依存	控制权在不同利益相关者之间分享
信息不对称	信息不分享	信息分享	信息分享	信息分享
合约不完全	风险不共担	风险共担	风险共担	风险不共担
管理团队事前组建	否	是	否	否
公司治理机制前置	否	是	否	否
短期雇佣合约/长期合伙合约	短期雇佣合约	长期合伙合约	长期合伙合约	长期合伙合约

通过阿里合伙人制度和京东等双层股权结构实现的以不平等投票权为特征的控制权安排新革命给我们的启示是:

首先,无论阿里合伙人制度还是京东等双层股权结构,都是以"在具有可承兑收入之间的创业团队与主要股东之间的状态依存"为形式,以"通过创业团队与外部投资者之间从短期雇佣合约到长期合伙合约的转化,实现交易成本的节省"为内容的控制权安排新革命。它的核心依然是面对合约不完全,

第四篇
从万科到阿里：公司控制权安排的新革命

如何通过控制权安排模式的选择来鼓励专用性投资，以解决合约不完全下的专用性投资的激励不足问题。

其次，控制权安排新革命的出现是"阿里们"在新兴产业快速发展过程中面对信息不对称和合约不完全问题时自发形成的市场化解决方案。"阿里们"的实践再次告诉我们，"理论是灰色的，但生命之树常青"。这事实上同样是我国从改革开放以来持续进行市场导向的经济转型的背后原因，因为市场总会内生地创造出一些新的控制权安排模式，以更加有效地适应外部环境的变化。

再次，在我国公司治理实践中，我们应该摒弃"你雇佣我"还是"我雇佣你"的思维，建立全新的合作共赢的伙伴关系的新思维。一方面，软银等股东理性地选择把无法把握的业务模式相关决策交给具有信息优势的阿里创业团队；另一方面，引领业务模式创新的马云创业团队为软银等股东带来更加丰厚的投资回报。当王石团队、华润和宝能围绕"谁的万科"争论不休时，我们从阿里合伙人制度运行中看到的却是，"阿里不仅是软银、雅虎的，也是马云等合伙人的"。从万科到阿里，我们看到，谁的控制权安排模式更加有利于创业团队与主要股东之间开创互利互惠、合作共赢的新局面，谁将更可能收获"庆幸"。

最后，同样不容忽视的是，我们认为，王石团队、华润和

从万科到阿里：
分散股权时代的公司治理

宝能并非不希望摆脱陷入"谁的万科"之争的"悲催"命运，而是受到现实制度的种种限制和束缚而无能为力。我们以阿里为例。当初像阿里这样优秀的企业之所以无法选择在 A 股，甚至将其 B2B 业务挂牌的香港上市，与我国内地和香港地区都不允许发行具有不平等投票权的股票有关。前 CEO 陆兆禧先生在阿里放弃在中国香港上市后曾无奈地表示，"今天的中国香港市场，对新兴企业的治理结构创新还需要时间研究和消化"。有趣的是，当初以违反同股同权原则为由拒绝阿里巴巴上市的港交所在 2015 年年中发布公告，拟有条件允许公司采用"同股不同权"架构在港上市。

而为了改变"待宰羔羊"的地位，万科的王石创业团队长期以来进行了不懈的努力。例如，万科是我国最早推出以项目跟投和员工持股为特征的"事业合伙人制度"的企业之一。这里需要说明的是，阿里在美国上市推出的合伙人制度与包括万科在内的我国很多企业推行的事业合伙人制度并不完全相同。前者通过在与控股股东的一致行动协议和公司章程的明确规定，使合伙人对阿里董事会组织具有实质性影响。这使得阿里合伙人制度成为受法律保护的控制权安排行为。而万科等推行的事业合伙人制度则由于缺乏法律和股东的认同，很大程度上演变为一种员工自组织行为。万科的事业合伙人制度甚至一度被一些媒体批评为管理层掏空上市公司、实现内部人控制的

第四篇
从万科到阿里：公司控制权安排的新革命

手段。

因此，万科的"悲催"不仅仅与固有的"谁雇佣谁"的传统意识作祟有关，同时与我国资本市场股票发行制度的限制和束缚有关。在这一意义上，万科的"悲催"不仅仅是王石创业团队、华润、宝能的"悲催"，也是我国资本市场的股票发行制度的"悲催"。未来中国资本市场应逐步放松对"一股一票"原则的要求，允许新兴产业创业团队以发行具有双层股权结构的股票上市，甚至像阿里一样推出合伙人制度。至于是否有投资者愿意购买形式和/或实质具有不平等投票权的股票，并以什么价格购买，市场将会形成理性的判断。而上述制度的实际推出则不仅需要中国资本市场在法律层面突破上市公司发行"一股一票"的硬性规定，而且需要赋予上市公司在公司章程制定等方面更多的自由裁量权。

第五篇
如何为公司治理营造积极的外部环境？

产业政策的边界究竟在哪里?*

最近北京大学张维迎教授与林毅夫教授围绕产业政策的争论如火如荼。已经持续两轮的争论也引来了很多学界和业界人士的围观和评论,但从一些相关的评论中我们不时能感觉到一些人士对于产业政策的边界存在误解。而厘清产业政策的边界对于理解两位教授围绕产业政策的争论十分重要。因此,我们有必要讨论产业政策的边界究竟在哪里。

在一些人士的评论中,地方政府出台的招商引资政策似乎成为标准的产业政策,而一些人士则把基础教育投入同样理解为产业政策。我们看到,无论投资环境改善还是基础教育投入,都是政府提供公共品的基本职责所在,"搭台的"显然并不能代替"唱戏的"。虽然招商引资不能严格地被称为产业政策,但它一定程度上已经具备产业政策通常所具有的一些弊

---

* 本文曾以"产业政策大讨论:产业政策的边界究竟在哪里?"为题发表于 FT 中文网,2016 年 9 月 29 日。

从万科到阿里：
分散股权时代的公司治理

端。例如，招商引资很大情形下已蜕化为地方政府官员为实现政治晋升开展"锦标赛"下的政绩工程；而招商引资往往会带来穷者愈穷、富者愈富的马太效应，即经济落后地区无法引资，而太多的投资，从而过剩的产能集中在经济发达地区；招商引资政策对企业的激励扭曲效应明显，一些企业为了享受招商引资的优惠政策，由内资摇身一变成为外资，玩起"帽子戏法"。如此等等。上述对产业政策误解的事实提醒我们，我们需要对产业政策进行明确的界定，以避免把利用纳税人的钱财进行环境建设和投入基础教育这些基本职责认为是政府在积极地作为，甚至在做"好人好事"，反而使政府本应该做好的工作没有做好。

理论上，产业政策可以区分为产业结构、产业组织和产业发展三个方面的政策。其中，产业结构政策又包括主导产业选择、弱小产业扶持、衰退产业调整等政策，产业组织政策则包括反垄断与反不正当竞争、直接规制和中小企业政策，而产业发展政策则包括产业技术政策、产业布局政策、产业外贸政策、产业金融政策、产业可持续发展政策、环境管制政策以及劳动管制政策等。对产业政策的经典定义来自小宫隆太郎的《日本的产业政策》。按照该书的定义，产业政策包含两个方面：一是政府主管部门就产业间资源配置或基础建设方面制定或采取的政策，涉及重点产业的培育和保护、衰退产业的调整

第五篇
如何为公司治理营造积极的外部环境？

等；二是针对调整产业内部组织结构所采取的政策，如推动企业合并以提高集中度，组织、协调企业调整开工量和投资规模，以及实施中小企业对策等。

对照产业政策的传统定义和内涵，我们看到作为张维迎教授与林毅夫教授争论焦点的产业政策应该具有以下特点：其一，在政策实施过程中，政府将借助税收减免、财政补贴以及信贷配给等明确的经济手段来进行干预。这一特点意味着产业政策的实施与公共资金动用，从而纳税人的钱财联系在一起。其二，具有明确的特定产业的资源配置投向。这意味着产业政策的实施后果往往不是普惠式地使不同产业的不同企业同时受益，而是在不同产业之间以及进入同一产业的先来后到者之间存在不公平竞争。张维迎教授从人类认知的局限和激励机制的扭曲等角度来批评现行的产业政策，而林毅夫教授则从外部性协调等角度强调政府对特定产业进行财政扶植的产业政策的必要性。

我们看到，如果按照上述界定标准，招商引资、基础教育投入其实并不能算作严格的产业政策。这是因为，尽管招商引资和基础教育投入涉及经济手段和公共资金的动用，但它具有一定普惠性，诸如环境改善和基础教育投入导致的公民素质提高将具有很强的外部性，可以使大多数的人从中收益。这与为了鼓励企业慈善捐赠而实行的税收减免政策十分相似，虽然同

从万科到阿里：
分散股权时代的公司治理

样涉及公共资金（的减少），但由于慈善的普惠性，我们显然并不能把其理解为一项产业政策。

另一个极端的例子是一些地方政府为了宣传当地的产品，参与拍摄一些宣传片和电影。例如，陕西吴堡张家山政府为了支持当地的挂面企业，参与拍摄了电影《一把挂面》。那么，这种政府支持是不是同样属于产业政策呢？我们看到，这些只是在特定时期政府短期的活动，并不是持续较长时期的政策，当然并不能成为产业政策。另外，如果对照前面提及的两个判断产业政策的标准，我们看到，很多情形下，宣传片和电影的拍摄获得当地企业以宣传广告为回报的商业赞助并不是难事，因此往往并不需要太多公共资金的投入。同时它也可以使当地居民从家乡产品的宣传中产生自豪感，因而具有一定的普惠性。因此，即使按照上述两个标准判断，我们也很难把上述活动归为产业政策。

从以上第一个标准，我们看到，产业政策的实施，无论借助税收减免，还是财政补贴，往往离不开公共资金的动用。而公共资金的动用决定了即使现实经济发展需要重要产业政策的制定，我们也应该通过人大代表们的听证、审议和批准等环节。没有经过上述环节的产业政策必然在来源上"不清不楚"，在审批程序上"不明不白"，而审批的官员则"不尴不尬"，从产业政策中受益的企业"不三不四"，而最终制定出

第五篇
如何为公司治理营造积极的外部环境？

的产业政策则显得"不伦不类"。

除了审批程序，事实上，还存在一个同样重要的问题：如何判断产业政策的效果？当地 GDP 的提高是否可以成为评价标准？回到招商引资的例子，即使把招商引资理解为产业政策，难道实现了一部分工商企业的入住就意味着产业政策成功了吗？这些问题显然也应该成为张维迎教授和林毅夫教授围绕产业政策争论中的应有之意。

如果这次争论能使越来越多的公众意识到，产业政策的边界究竟在哪里，什么是产业政策科学合理的审批程序，以及如何评价和由谁来评价产业政策的执行效果，则其实际意义将如同争论本身带来的学术思考一样重要。

政府具有制定产业政策的能力吗？*

最近，张维迎教授与林毅夫教授围绕产业政策的争论引发了学界和业界对产业政策的边界、实施效果等问题的持续思考。11月9日在北大朗润园举办的张维迎教授与林毅夫教授产业政策思辨会更是将产业政策的全民讨论推向高潮。事实上，一个与这次产业政策争论相关，但更为根本的问题是：政府是否具有制定产业政策的能力？如果说，张维迎与林毅夫两位教授是围绕"政府是否应该制定产业政策"来展开讨论，本文则希望从"政府是否具有制定产业政策的能力"这一新的视角重新思考政府作为的边界等问题。

在以激励机制设计为内容的信息经济学成为微观经济学教科书标准内容的今天（在激励合约设计理论做出突出贡献的霍姆斯特姆教授今年成为诺贝尔经济学奖的新科得主），理论上，

---

* 本文曾以"产业政策大讨论：政府具有制定产业政策的能力吗？"为题发表于 FT 中文网，2016 年 11 月 16 日。

第五篇
如何为公司治理营造积极的外部环境？

政府应该如同上市公司一样具有激励机制设计的能力。例如，上市公司股东委托董事会经过基于经理人薪酬绩效敏感性的薪酬设计，使经理人变得更加努力；看起来向经理人支付了与以往相比高的薪酬，但激励充分的经理人为股东创造了更多的投资回报。既然同样并非自然人的上市公司可以通过激励机制设计解决信息不对称导致的逆向选择和道德风险问题，那么，至少在逻辑上，我们并不能否认同样是非自然人的政府应该具有激励机制设计的能力。

以往，我们更多地是从政府通常并不具有获得进行激励机制设计所需要的信息的能力来论证政府并不适合成为类似于产业政策等激励机制的设计者。例如，哈耶克强调具有当地信息的个体在进行激励机制设计时往往比缺乏当地信息的政府更有效率；信息利用存在边界，相对而言，像新加坡小国寡民政府作用加明显，但大国政府则无法发挥相应作用；政府信息整合过程中存在信息的扭曲或失真问题，就如同批评宏观经济学缺乏微观基础一样。然而，互联网时代大数据收集加工成本无限降低的趋势一定程度上使得从信息收集能力角度对政府不具有制定产业政策的能力的批评变得苍白。

那么，假定在互联网时代政府信息的收集分析能力空前提高，这是否意味着政府就可以由此制定好的产业政策呢？我们看到，即使我们并不否认政府具有激励机制设计的能力，但由

从万科到阿里：
分散股权时代的公司治理

于政府的组织形式，激励机制设计最终产生的扭曲程度不同，我们同样无法保证政府制定的产业政策就是合理的。我们可以把政府简单区分为代议制民主下的政府和中央集权式政府。由前者制定产业政策我们可以理解为委托人主导的激励机制设计，而由后者制定产业政策则可以理解为代理人主导的激励机制设计。在委托人主导的激励机制中，容易产生不公平竞争的产业政策很难获得纳税人主导的议会的批准。但在代理人主导的激励机制设计中，强势政府强行推出产业政策成为大概率事件。这就如同在一些代理问题严重的上市公司，经理人利用手中的权力自己为自己制定薪酬，看起来经过董事会的薪酬设计等激励机制设计环节，但依然会出现经理人超额薪酬等损害股东利益的现象。我们看到，同样经过薪酬合约设计这一激励机制设计环节，但公司治理结构完备（盈利动机明确的股东作为委托人来主导公司治理制度的建设）的公司可以很好地实现激励经理人的目的；而在公司治理结构不够完备（内部人控制下的经理人作为代理人来主导公司治理制度的建设）的公司却出现经理人超额薪酬现象。概括而言，由于激励机制设计主导者的差异使博弈双方力量对比出现变化，从而出现不同以往的均衡结果。一个不利于公平竞争的产业政策不是由于政府不具有制定产业政策的能力，而是由于政府的组织形式使得所制定的产业政策发生激励的扭曲。

第五篇
如何为公司治理营造积极的外部环境？

上述思考带给我们以下四方面的全新启发：

其一，并非政府没有能力制定产业政策，而是由于政府的组织形式，所制定的产业政策发生的扭曲程度不同。这事实上就是林毅夫教授所观察到同时正确指出的，各国历史上都曾使用过产业政策背后的原因，因为政府像其他非自然人一样理论和实践上都是有能力来制定产业政策的。但一个同样不容忽视的事实是，对于成熟的市场经济国家，容易产生不公平竞争的产业政策议会通过的可能性越来越少。公共资金作为纳税人钱财更多用于公共品的提供，因为后者可以让所有人受益，毕竟税收的标准定义是"公共品的价格"。因此，我们反对的并非是政府提供诸如基础教育投入，甚至在通过改善投资环境实现的招商引资等公共品，而是反对政府制定激励扭曲的产业政策。

其二，通过检讨产业政策制定过程政府不同组织形式导致的激励扭曲程度，我们发现阻止不合理产业政策的根本途径依然是我国改革开放以来一直所倡导的政治体制改革。而中国现政府通过列举负面清单方式积极推行的简政放权则有助于减少不适当干预所带来的激励扭曲。这事实上也与我们所观察到的随着政治民主化和经济市场化程度提高，各国产业政策逐渐淡出历史舞台的现象一致。例如，在成熟市场经济国家并不需要建立经济特区，因为资本可以自由流动了，自然就不需要招商

从万科到阿里：
分散股权时代的公司治理

引资了。

其三，上述从政府组织形式差异导致的产业政策制定激励扭曲程度差异的视角并没有考虑政府与自然人之间，以及不同层级政府之间信息分布的实际差异问题。给定现实经济生活中的政府在信息获得的滞后和失真等问题并非在短时期内解决的事实，我们的上述结论会变得更加令人信服。

其四，在完成上述讨论时，除了假设政府与具有更多当地信息的个体（如同上市公司）一样具有相同的信息收集和分析能力外，我们还同时假设政府与个体具有相同的责任承担能力。而事实是，政府与普通个体责任的承担能力存在差异。与以投入真金白银所体现出的具有更多可承兑收入，从而责任承担能力更强的企业家相比，代理人性质的政府在进行产业政策制定等激励机制设计时所产生的外部性和相应的激励扭曲会更加严重。

因此，即使承认政府具有激励机制设计的能力，由于政府的组织形式，我们依然无法确信政府制定的产业政策并非不是激励扭曲的结果。政府作为的边界更多应该集中在公共品的提供，而非产业政策的制定。毕竟，企业的比较优势只有依靠企业家在市场中通过比较发现，而无法依靠认知能力存在缺陷和激励机制存在扭曲的政府官员来实现。

由于上述种种理论和现实的理由，我们并不能赞同林毅夫

第五篇
如何为公司治理营造积极的外部环境？

教授希望通过有为政府制定产业政策实现发展中国家对发达国家赶超的战略。虽然如此，但最近在北大朗润园举行的这次产业政策思辨会无疑是我国思想市场形成过程中十分重要的标志性事件。它促使人们去理性思考政府的职能和定位，以及市场经济的真谛。这对于包括各位读者在内的很多人不啻是一场思想启蒙。在这一意义上，林毅夫教授在思辨会所体现出的学者思辨和包容态度本身同样值得钦佩。

市值管理的"误区"与
公司治理的回归*

从上市公司高管普遍不关心股价、蓝筹股估值偏低以及投资者关系管理纵深发展等现实考量出发，监管当局鼓励上市公司进行市值管理，以促使股价充分反映公司内在价值，实现公司产品市场与资本市场协调发展。按照相关实践，市值管理的常用工具包括并购重组、分红送配、投资者关系管理、信息披露、大股东股份增持、上市公司股份回购、大宗交易、股权激励和员工持股等。然而，证监会最近宣布对涉嫌市场操纵的18只股票立案调查，其中部分股票涉嫌"以市值管理名义内外勾结，通过上市公司发布选择性信息配合等新型手段操纵股价"等行为。这再次为公司治理理论和实践中精准理解市值管理的内涵，合理界定市值管理的边界提出了迫切要求。

---

* 本文曾以"市值管理的'误区'与公司治理的回归"为题发表于《证券市场导报》，2016 年第 3 期。

第五篇
如何为公司治理营造积极的外部环境？

在我们看来，市值管理实践与公司治理传统理论与实践存在以下多个方面的冲突。

第一，市值管理"实践"同公司市场价值未必会与会计价值一致的理论预期之间存在矛盾。按照公司财务的标准定义，会计绩效是基于过去发生的历史会计资料的企业绩效总结，是往后看（looking backward）；而市场绩效是基于未来事件产生现金流的贴现，是往前看（looking forward）。虽然从长期看二者具有一致性，但短期内如果二者出现不一致，没有人会对此感到奇怪。例如，关于并购公告发布的利好消息可能会抬升股价，但尚未发生的并购显然不会对会计绩效产生任何影响。所以在市值管理实践中简单用会计绩效与市场绩效的一致性来作为市值管理评判和排序标准的倾向似乎并不恰当。

第二，市值管理"实践"与公司财务中的有效市场理论之间存在悖论。我们知道，市值在"市值管理"的鼓吹者看来之所以是可以管理的，是由于市场有效性不足；而市值经过"管理"后实现增加又必须依赖市场有效的假设：如果市场有效性依然不足，市值管理显然是在做无用功，不会实现市值的真正增加。事实上，市场本身是否有效在经验上是可以检验的。一般而言，有很多文献表明我国市场有效程度介于弱有效和半强有效之间。

第三，市值管理"实践"与基于市场反应的上市公司声

从万科到阿里：
分散股权时代的公司治理

誉机制和公司治理警示机制的冲突。有效市场通过股价的波动（市场反应）来对特定事件做出评价。市场负面反应是对企业未来完善公司治理的警示和上市公司声誉的惩罚。因而，基于市场反应的价值评估很好地扮演了上市公司治理警示机制和声誉机制的角色，推动上市公司积极改善公司治理。但"市值管理"的实践却削弱了上述声誉与警示机制的作用。一方面，使得上市公司乃至监管当局无法发现真问题，及时纠错；另一方面，通过市值管理向市场释放了新的噪声，改变了投资者的预期，使原本充满不确定性的资本市场经过几轮博弈后形成的相对稳定的预期再次变得不确定。

第四，市值管理与投资者回报最大化之间的内在冲突。市值仅仅是评价企业绩效表现的一种指标，而企业更为根本的目标是投资者回报的最大化（即股东价值最大化）。市值高显然并不意味着投资者回报实现了最大化。这里出现了一个新的悖论：现有股东当市值高时如果不进行股份转让是无法实现基于高市值的回报的，但频繁转让显然不是市值管理的目的。因而，市值管理实践会引发到底是鼓励投资还是鼓励投机的争议。

第五，市值管理长期目标和短期目标之间的冲突。市值管理的长期目标是促使股价充分反映公司内在价值，实现公司产品市场与资本市场的协调发展，这与股东回报最大化的目标是

第五篇
如何为公司治理营造积极的外部环境？

有一致性的。但市值管理的短期目标——高市值——似乎更加符合股权激励方案下行权的高管、投机性投资者，甚至监管当局的价值取向，而与股东投资回报最大化的目标存在冲突。例如，Bolton 等（2006）的研究表明，现在股东通过纵容甚至与行权的经理人合谋操纵股价，吸引新的投资者购买股票并最终将其套牢，来损害未来投资者的利益。监管当局虽然愿意看到通过市值管理在短期内实现的资本市场的活跃，但如果造成对未来股东利益的损害，并影响资本市场的长期健康发展，则一定非其所愿。

第六，公司价值最大化单一目标与市值管理目标之间的冲突。市值管理的基本工具涉及传统融资决策（增持）、公司治理（信息披露、股权激励）、并购策略（并购重组）和股利政策（分红送派）等。以往这些基本的公司财务政策的制定和实施以公司价值最大化（股东利益最大化）作为基本决策目标。如果上市公司除了上述目标，还需要同时考量市值管理的特定目标，就会使上市公司陷入多目标的决策环境，往往顾此失彼，难以监管。强调市值管理的结果，往往是忽视了日常的更为基本的围绕投资者回报最大化（股东价值最大化）的公司治理等基本生产经营实践。特别是上述公司经营管理和治理实践不仅有长期理论积累，而且还有很好的实践经验总结。例如，围绕企业并购形成的理论和实务长期以来已形成关注协同

从万科到阿里：

分散股权时代的公司治理

效应和进行交易结构选择的传统。但现在为了一个所谓"中国制造"的市值管理概念而不得不抛弃之前的很多理论积累和实践传统，另起炉灶，显得尤为可惜。

第七，市值管理实践的推行使监管当局的责任与上市公司行为之间的边界混淆，为监管当局监管职责的履行带来困难。监管当局应对上市公司信息披露等义务履行负有监督之责。但市值管理实践推行的结果客观上使监管当局把上述监督职能部分"转嫁"给了上市公司，由原来"监管当局（事中）监督保障上市公司发布真实的信息"转变为"由上市公司基于市值管理的结果发布信息，并（事后）承担相应披露虚假信息的责任"。一个理想的监管者应该努力做到事前监管规则的透明、事中监督程序的公正和事后监管惩罚的严厉，以确保上市公司严格履行信息披露义务，信息公开透明和可信。但目前市值管理实践的推行使监管当局无法有效做到"事中监督程序的公正"，而是更多转向依靠"事后监管惩罚的严厉"。市值管理甚至成为一些上市公司操纵股价的合法借口和合规外衣，为监管当局监管职责的履行带来新的困难。

从市值管理在我国资本市场有限的实践历史来看，市值管理在使部分上市公司有机会打着市值管理之名行股价操纵之实的同时，也给上市公司、投资者、监管当局，甚至资本市场的研究者带来诸多困惑。对于上市公司，他们不知道是应该简单

第五篇
如何为公司治理营造积极的外部环境？

追求投资者回报最大化，还是应该追求基于市值管理的"市值"最大化；他们是否需要摒弃许多长期积累的理论支撑和实践经验，而去探寻新的实践指导和理论支撑。对于投资者，他们不知道经过市值管理后的高股价究竟意味着应该继续持有股票做长线投资，还是应该出售股票来使难得的高股价转变成真金白银。对于监管当局，数据经过掩饰后显然不利于真实问题的及时发现，而是等到上市公司最终已酿成大祸而不得不进行事后的严厉处罚。对于研究者，则面临信息失真，包装后的数据和资料会降低学术研究的可用性的问题。之前饱受会计盈余管理与会计操纵之苦的资本市场研究者在不得不采用各种盈余管理模型来控制和剔除相关效应的同时，原本指望更为真实的市场价值能弥补上述会计绩效指标的缺陷，但现在却发现，现在所获的市场数据同样是市值管理后"人为做作"的结果，而且"人为"程度因各个公司而异，很难进行控制。

鉴于市值管理有限的实践与公司治理传统理论和实践之间的冲突，以及给资本市场带来的诸多困惑，我们建议应该合理界定市值管理的边界，鼓励上市公司回归到基本的公司治理结构完善问题上来。上市公司治理的基本目标依然应该是保护投资者（特别是中小投资者）的利益，以实现投资者回报（股东价值）最大化。在公司治理实践中，上市公司应以成熟的理论和有效实践为指引来开展并购、增持、股利等基本公司财务

从万科到阿里：
分散股权时代的公司治理

政策的制定和实施。即使认为依然存在市值管理的必要，也应以是否有利于实现投资者回报（股东价值）最大化作为唯一评判标准。我们知道，国际经验中与市值管理作为对照的概念是价值管理，其原本含义是基于价值的企业管理（value-based management），仍然是以价值评估为基础，以价值增长（股东价值最大化）为目的的（Tom Copeland，2003）。

对于蓝筹股估值偏低等问题，我们需要探寻其背后的公司治理和社会经济发展环境原因；而对于高管不关心股价的问题，则需要通过推出设计合理的股权激励计划等来实现，而不是通过简单提出一个市值管理的口号了事。监管当局需要对监管边界加以明确界定：监管当局要成为"资本市场有效性增强的推动者""上市公司严格履行信息披露义务的监督者""资本市场违规行为的严厉处罚者"，着力培育市场功能，发挥基于市场的上市公司"声誉机制"作用和市场反应对公司事件的警示功能，不应该向投资者提供隐性担保，甚至将相关监管风险转嫁给上市公司。

对于上市公司，最为重要的工作依然是创造价值，而不是市值管理。我们用类似于"走自己的路，让别人去说吧！"的一句话来结束我们的讨论："上市公司通过努力改善经营、管理和公司治理为股东创造价值吧！市场会给予积极评价的。"

互联网金融的实质与监管理念[*]

以 P2P、众筹等为典型融资形式的互联网金融时代的来临带来融资模式的巨大转变。例如,消费者与投资者之间的边界变得模糊;投资者进入门槛降低,责任承担能力变差;业界精英与普通投资者之间关于业务模式存在严重的信息不对称;对金融创新公司价值评估困难;伴随着金融创新的资产价格泡沫频繁出现等。[①]

那么,互联网金融时代融资模式转变遵循的逻辑是什么?本文希望通过对互联网金融时代融资模式转变所遵循逻辑的梳理,探寻互联网金融的实质。在此基础上我们尝试提出未来互联网金融的一些监管理念。

我们可以把互联网金融时代融资模式转变所遵循的逻辑概

---

[*] 本文曾以"互联网金融的实质与监管理念"为题发表于《琥珀金融帮》,2016年3月16日。

[①] 参见郑志刚,"互联网金融时代的公司治理",《经济观察报》,2015年7月11日。

从万科到阿里：
分散股权时代的公司治理

括为以下几个方面。

第一，从借助中介机构的间接融资到通过互联网金融平台实现的直接融资实现的"交易成本的节省"。

互联网金融不同于金融互联网。金融互联网指的是金融传统业务从线下的传统网点到线上，通过对互联网技术的应用，提升传统金融的服务水平与质量。目前各主要商业银行纷纷推出的手机银行、网上银行和微信银行等事实上是金融的互联网化，而非严格意义上的互联网金融。按照谢平、邹传伟（2012），"随着互联网技术的发展，在网络支付、社交网络和搜索引擎云计算等支柱的支持下，将使得市场信息不对称程度，资金供需双方在资金期限匹配以及风险分担上的成本非常低，中介机构将因为没有存在的必要而消失"。因而，标准意义的互联网金融指的是借助互联网技术实现的资金供需双方的直接的资金融通和相关金融服务的提供。其典型形式是P2P（如"拍拍贷""人人贷""宜信"）和众筹（如"点名时间""我们一起喝咖啡"）等。

概括而言，金融互联网与互联网金融的区别在于，前者是以银行为中介机构实现的间接融资，而后者则是借助互联网平台实现的"无证券发行"的直接融资。因而，互联网金融的兴起所遵循的重要逻辑之一是从间接融资到直接融资实现的"交易成本的节省"。互联网金融的上述直接融资特征使得互

第五篇
如何为公司治理营造积极的外部环境?

联网金融与同样是直接融资的实现形式的现代股份有限公司具有了某种可比性。

这里需要说明的是,类似于在间接融资和直接融资之间存在大量"伪装的证券""证券与权益的混合"等中间形态一样,在金融互联网与互联网金融之间同样存在大量介于二者之间的中间形态。由于信息非对称和风险承担能力个体差异依然存在,二者也并非简单的非此即彼的替代关系。这就如同即使权益融资是直接融资,它也不仅没有完全代替作为间接融资的债务融资,而且依然需要投行等中介机构来承担相应的发行风险。

第二,实现风险在社会更大范围内的分担。

我们知道,在成熟的资本市场,即使是以直接融资为典型特征的权益融资,其主要投资者也是具有一定风险承担能力的机构投资者。例如,美国90%以上的股市投资者为诸如互助基金、养老基金和保险基金等机构投资者,而非散户。然而,在互联网金融时代,基于互联网技术的大数据和平台的信息透明使得投资者选择与自己风险态度和资本责任能力更加匹配的项目进行投资成为可能。这使投资者不再局限于机构,每一位普通大众都可以通过众筹模式来成为自己所感兴趣项目的"直接投资者",由此实现了风险在社会更大范围内的分担。

但不容忽视的是,互联网金融通过在全社会范围内配置风

从万科到阿里：
分散股权时代的公司治理

险，在使个体风险减缓同时出现了使系统性风险加强的趋势。在互联网金融时代，伴随着金融和技术的快速创新，"非理性繁荣将不当地抬高资产价格"（格林斯潘），使对互联网金融平台项目和平台本身的价值评估愈加困难，互联网金融相关的资产价格泡沫将频繁出现。我们看到，虽然互联网（金融）存在泡沫，但由于风险在社会更大范围内分担，互联网（金融）泡沫破灭的危害性没有信贷和楼市泡沫破灭那么严重。在上述意义上，互联网泡沫的破裂未尝不像经济危机一样，是市场维持正常运行的一种自我调节。同样重要的是，互联网金融本身并没有从根本上消除信息非对称和投资风险，投资者进入门槛低、承担责任能力差的特点与资产价格泡沫结合起来，反而可能会在社会更大范围内引发严重系统性风险，成为未来监管不得不面对的严峻挑战。

第三，资源的相对稀缺程度决定生产资料的重要性。

在互联网金融时代来临之前，由于融资双方信息的严重不对称，资本良好的责任能力和信号传递功能使得资本变得相对稀缺，因而是"资本雇佣劳动"。股东以出资额为限承担有限责任的同时，通过股东大会的表决对资产重组和战略调整等公司重大事项拥有最终的裁决权。然而，在互联网金融时代，基于互联网金融平台实现的直接融资使得融资门槛无限降低，资本退化为普通的生产资料，业务模式的竞争反映的是"人力资

第五篇
如何为公司治理营造积极的外部环境?

本的竞争"。因而,与以往"资本雇佣劳动"不同,伴随着互联网金融的兴起和发展,"劳动雇佣资本"的时代来临。

第四,专业化分工程度的加深。

在互联网金融时代,互联网平台提供的便捷实时合作带来了专业化分工程度的加深。每个人只需要做自己感兴趣和最擅长的工作,通过互联网提供和消费最专业和一流的服务。在上述意义上,互联网金融时代需要专业化分工程度更高的"专家",而不仅仅是互联网专家。我们看到,正是资源稀缺条件下提高效率的专业化分工的逻辑引导人类社会从早期的手工业从农业中分离出来,到近代从家庭手工作坊演变为现代股份有限公司,进而到今天借助互联网实现的高度专业化分工的互联网金融时代。

我们可以通过对互联网金融与现代股份有限公司这两种直接融资模式的比较,简单总结互联网金融时代融资模式转变所遵循的逻辑(见表1)。

表1 互联网金融与现代股份有限公司两种直接融资模式的异同

	现代股份有限公司	互联网金融
组织形式	发行股票	无需有价证券的发行
投资者进入门槛	高(机构投资者居多)	低
资本责任能力	高	低

从万科到阿里：
分散股权时代的公司治理

（续表）

	现代股份有限公司	互联网金融
投资者权益	除了收益权外，通过投票表决参与重大资产重组和战略调整	收益权，不平等投票权盛行，放弃控制权
风险分担范围	有限范围（机构投资者居多）	全社会范围
个体风险程度	高	低
引发系统风险的可能性	低	高
专业化分工程度	高（经理人职业化，资本社会化）	更高（借助互联网）

从表1中我们看到，与现代股份有限公司相比，互联网金融时代的融资模式出现了以下三个方面的发展趋势，这些发展趋势体现的正是互联网金融时代融资模式转变所遵循的逻辑。其一，基于大数据和平台的信息透明的互联网金融一方面降低了传统金融业务模式的信息不对称，但另一方面通过快速创新加剧了围绕新业务模式的信息不对称。正如前面提到的，由于互联网金融本身并没有从根本上消除信息非对称和投资风险，投资者一方面需要选择与自己风险偏好和责任承担能力相匹配的金融产品，另一方面需要借助包括互联网金融平台在内的中介机构实现融投资，因而互联网金融不是，也无法成为对传统金融的替代。互联网金融时代的来临将使投资者面临更加多样化的投资选择。通过融资模式转变和创新以真正实现"交易成

第五篇
如何为公司治理营造积极的外部环境？

本的节省"才是金融机构的基业长青之路。而交易成本的节省相应成为评价融资模式转变与创新最基本同时也是最重要的标准。

其二，基于互联网技术的操作"智能""傻瓜"化趋势和专业化分工程度前所未有的加深。互联网智能技术的应用使得原来只有专业人士通过编程掌控的电脑操作变得越来越便捷，从原来的只动脑，既动脑又动手，演变成现在只动手，一"戳"了事的"傻瓜型""智能型"的类似于手表、项链等的"饰物"。但上述现象的背后是专业化分工程度前所未有的加深。人们可以借助互联网提供的便捷合作实现专业化分工的加深，每个人只需要成为某一特定领域的专家。因此，互联网（金融）时代需要专业化分工程度更高的"专家"，而不仅仅是互联网专家。

其三，借助互联网金融，风险实现在全社会范围内的分担，在个体风险出现降低趋势的同时，在全社会范围内系统风险呈现提高的趋势。由于互联网金融本身并没有从根本上消除信息非对称和投资风险，虽然个体风险借助互联网金融通过在全社会范围内的风险分担而降低，但伴随着金融和技术的快速创新和非理性繁荣，与互联网金融相关的资产价格泡沫将频繁出现；再加上投资者进入门槛低，承担责任能力差，反而可能会在社会更大范围内引发系统性风险。未来如何防范互联网金

从万科到阿里：
分散股权时代的公司治理

融资产价格泡沫，化解相应的风险将成为监管当局需要认真思考和面对的问题。

通过上述对互联网金融时代融资模式转变背后逻辑的梳理和对互联网金融时代融资模式三个发展趋势的总结，我们不难概括互联网金融的实质。我们看到，互联网金融的实质是"无证券发行"+"放弃控制权"的"现代股份有限公司"。一方面，互联网金融借助互联网融资平台实现外部资金融通，而非通过发行证券；另一方面，与现代股份有限公司相比，互联网金融投资者更加看重的是收益权，一定程度上忽略，甚至主动放弃控制权[1]；但不同于传统（债务融资）金融模式，无论现代股份有限公司还是互联网金融都是直接融资的实现形式。因此，我们又可以把互联网金融称为"借助互联网平台实现的直接融资"。

那么，如何监管进入门槛低、资本责任能力差、风险波及更大范围的互联网金融呢？对于作为"借助互联网平台实现的直接融资"的互联网金融的监管，我们同样需要从与作为直接融资的现代股份有限公司的监管中得到启发。现代股份公司在使股票保持流动从而投资者可以"以脚投票"的同时，监管当局需要做的是对公众公司的强制信息披露，使每个公司形成

---

[1] 参见郑志刚，"阿里上市启示录"，《21世纪商业评论》，2014年11月26日。

第五篇
如何为公司治理营造积极的外部环境？

合理的治理结构，吸引盈利动机强烈的股东参与来防范风险的扩散。在一定程度上，监管当局通过信息强制披露把风险的控制部分转到企业内部，以此来化解和防范可能发生的系统性风险。

从现代股份有限公司监管实践中我们得到的启发是：首先，需要使直接融资保持良好的流动性，因而未来互联网金融成熟的一个重要标志是互联网金融平台产品的可流动性的满足。相应技术的应用、平台的设立和制度的创新将构成未来互联网金融发展的重要挑战。其次，基于大数据、互联网平台的信息透明与征信系统的建立，把互联网金融变为"陌生的诚实人"之间的"互惠互利"。我们看到，P2P、股权众筹等的发展是与诚信社会的建立密切相关的，否则很容易演变为"集资诈骗"，引发严重的社会问题。目前我国已经出现的部分P2P跑路现象表明，我国距离互联网金融健康发展所需的法治和诚信社会还有很长的路要走；最后，借助互联网金融平台的积极参与和相关平台治理框架的建立内化部分风险。这就如同对现代股份有限公司的监管需要调动公司股东的积极性，借助每个公司自身的治理结构来防范化解风险一样。而如何构建互联网平台的治理框架则需要未来长期实践的探索。

"三位一体"的互联网金融监管框架的构建[*]

随着2015年以来P2P跑路事件的频繁发生,互联网金融的风险前所未有地暴露在公众面前。互联网金融的快速发展是我国最近几年来经济生活中的大事。它将市场经济"实现陌生人之间的合作"的理念贯彻到底,使资金融通的合作突破地域时空的限制,融资由此变得空前便利。如果互联网金融能健康持续发展下去,那么总有一天传统社会"资本雇佣劳动"的格局将会被"劳动雇佣资本"的格局所替代。

然而互联网金融快速发展伴随着的巨大风险也使得这一行业的发展前途莫测。互联网金融业界经常说的一句话是,"做好了就成为互联网金融,做不好就成为非法集资"。互联网金融与非法集资二者之间仅有一"字"之差。而借助互联网实

---

[*] 本文曾以"构建'三位一体'的互联网金融监管框架"为题发表于《中国经营报》,2016年3月21日。

第五篇
如何为公司治理营造积极的外部环境？

现外部融资不仅涉及范围广，而且波及范围大。外部性的存在和潜在风险的巨大使得对互联网金融监管架构的搭建迫在眉睫。

那么，如何对兼具"天使的外表"和"魔鬼的内心"的互联网金融进行监管呢？我们看到，基于大数据等数据基础和云计算等分析技术的互联网金融在降低信息不对称的同时，并没有从根本上消除信息不对称，甚至产生了新的信息不对称。信息不对称的存在一定程度上决定了传统的宏观监管手段变得不再有效，因为"上有政策，下有对策"。而对信息不对称问题最有效的解决思路依然是哈耶克当年提出的如何利用具有当地信息的个体的信息优势。

在互联网金融平台中，信息不对称主要来自提供贷款的资金提供者和使用贷款的资金使用者。而促使双方进行直接融资的互联网金融平台成为哈耶克所谓的"具有一定当地信息从而具有信息优势的个体"。因此如何使具有当地信息的互联网金融平台在识别并防范风险方面扮演重要角色，是未来互联网金融监管构建的关键突破口。事实上，遵循上述原则建立监管构架的一个典型例子来自对上市公司的监管。作为广泛实现资本社会化的公众公司，对上市公司监管的重要性毋庸置疑。监管当局通过要求上市公司履行信息披露义务等监管举措事实上一定程度上将"确保投资者的投资按时收回并取得合理回报"

从万科到阿里：
分散股权时代的公司治理

的监管职责"转化"为上市公司的"公司治理"任务。从上市公司监管构架形成中我们得到的一个重要启发是，不应该忽视互联网金融平台在整个互联网金融监管体系构建中所发挥的不可替代的作用。我们未来的监管思路不是使平台"事不关己，高高挂起"，而是将其置于监管体系构建中的重要一环，使其利用当地信息的信息优势来充当整个互联网金融监管体系中的第一道门槛。换句话说，让互联网金融平台承担起利用平台直接融资的借贷双方风险控制的连带责任。这有点类似于我国古代的连坐和保甲制度，抑或"跑得了和尚跑不了庙"的"庙"。在难以获得"和尚"私人信息的情况下，我们有时不得不通过"庙"来约束"游方和尚"的行为。

在明确了互联网金融平台需要履行必要的防范风险义务后，那么，如何来构建互联网金融的监管体系呢？也许我们可以用"三位一体"来简单描述未来互联网金融的监管体系。首先，是负有相应连带责任的互联网金融平台识别风险职责和信息披露义务的履行。互联网金融平台负责对进行直接融资的借贷双方的信息进行跟踪，利用专业团队对潜在风险进行识别和判断，并将相关信息及时披露出去。因而，成为互联网金融平台的先决条件除了具备资金储备等体现抗风险能力的基本门槛外，同样重要的是是否具备一支识别和防范风险的专业管理队伍。只有同时具备后者的互联网金融平台才会在激烈的互联

第五篇
如何为公司治理营造积极的外部环境？

网金融市场竞争中形成良好的声誉，在众多的平台中获得资金需求和借贷方的青睐。

其次，是依据相关法律，负责对没有履行识别风险职责、违反信息披露义务和与资金的"需求者"合谋来欺诈投资者的互联网金融平台实施惩罚的权威的互联网监管当局。除了上述工作外，监管当局也许还需要搭建一个各个互联网金融平台进行信息披露的统一平台。这十分类似于交易所对上市公司的拟披露信息进行审查并通过"三报一网"进行最后的披露一样。至于这一监管平台搭建在证券业还是银行业监管框架或是混合监管，则取决于未来监管实施成本的高低。由于资金来源和流向随着互联网金融模式的兴起变得更加复杂多变，一个统一的监管构架可能更加便于监管当局及时掌握资金的流向和识别相关的风险。

最后，则是来自媒体的监督。很多业界的专家讲，对于E租宝等P2P平台，如果在早期有敏锐的财经媒体迅速察觉，并及时曝光任何蛛丝马迹，就不会出现今天数十万名投资者、数百亿元资金卷入的局面。具有专业素养和风险识别能力的财经媒体将在互联网金融监管中扮演十分重要的角色。

因而，未来我国互联网金融的监管构架将是由"负有识别风险职责和相应连带责任的互联网金融平台+提供信息披露统一平台并对违规平台进行处罚的监管当局+负责监督的财经媒

从万科到阿里：
分散股权时代的公司治理

体"三部分组成的"三位一体"架构。如果我们能够在不远的将来形成如上的"三位一体"互联网金融监管构架，互联网金融的风险将通过平台、监管当局和财经媒体三方面的共同努力得到有效的识别和化解，从而使充满生机的互联网金融朝着健康良性的方向发展，以助推我国实体经济的复苏和崛起。

第六篇
在分散股权时代如何选择
公司治理模式?

从葛文耀到董明珠：从国企改制而来的上市公司特殊的传承问题[*]

随着老一辈企业家日渐衰老，继承父业的子女能力不足的问题是民营家族企业所面临的典型传承问题。与民营家族企业所面临的传承问题不同，很多从早年国企改制而来的我国上市公司则面临新的传承问题。例如，近期媒体曝光率很高的葛文耀曾经所在的上海家化、曾南曾经所在的南玻A、王石目前所在的万科以及董明珠目前所在的格力莫不如此。纵观这些声名显赫的企业家，在他们身上有很多共同之处：其一，他们付出半生的努力引领当年规模很小，甚至亏损严重的国企一步步成长为今天行业的龙头企业；其二，按照股权结构，他们持有的股份并不多，因而并非企业真正的主人；其三，这些经历过历史考验的优秀企业家对于他们所在的企业，甚至行业具有举足轻重的影响力。

---

[*] 本文曾以"从葛文耀到董明珠：国企改制而来上市公司的特殊传承问题"为题发表于FT中文网，2016年12月6日。

从万科到阿里：
分散股权时代的公司治理

然而，正当他们思考如何将手中未竟的事业传承给下一代企业家时，中国资本市场在仓促间进入了股权分散时代。通过在二级市场举牌新入主的股东与这些企业家之间的冲突变成最具我国时代特色和制度背景的公司治理故事。一方面，新入主股东（例如入主上海家化的平安租赁和入主万科的宝能系）迫于所付出的高昂并购成本不断向上市公司施加短期盈利压力，甚至产生重新转让控制权的动机；另一方面，创业企业家即使在新股东入主后依然强势推行既定的并购发展战略。例如，上海家化葛文耀对海鸥手表的并购和格力董明珠对珠海银隆新能源的并购。作为上述冲突的延续，诸如葛文耀突然"退休"等事件不可避免地发生。我们看到，这些新入主股东与这些企业家之间的冲突将持续影响我国未来公司治理实践。

分析这些冲突发生背后的原因，我们看到，或多或少与这些新入主股东与企业家的"跨界"有关。首先是新入主股东的跨界：太多地干预公司的传统经营管理事务。我们知道，所有权与控制权的分离恰恰是现代股份公司实现资本社会化和经理人职业化，利用专业化分工实现效率提升的关键，因而是现代股份公司的灵魂。在这次宝能系"血洗"南玻A董事会的事件中，甚至出现了连宝能系本身也并不愿意看到的以曾南为首的高管团队集体辞职事件的发生。"血洗"董事会成为我国上市公司仓促进入股权分散时代，没有进行相应的公司治理制

第六篇
在分散股权时代如何选择公司治理模式?

度调整和心理准备而不得不付出的制度成本。其次是这些强势的企业家的跨界:抛开传统业务的生产经营,去从事并购等资本运作。这些企业家过去不俗的业绩表现能够证明他们是经营管理的高手,但没有证据表明他们同样是资本运作的高手。或者由于新入主股东一方的"跨界",或者由于这些企业家一方的"跨界",甚至双方同时"跨界",我们今天才观察到发生在我国资本市场上的一幕幕精彩纷呈、剧情不断反转的全新的公司治理故事。

而在这些精彩剧情的背后,隐现着这些早年从国企改制而来的上市公司所面临的特殊传承问题。如果把公司交给自己信赖和长期培养的管理团队,持股比例并不高的企业家无法说服其他股东接受自己的提议;如果利用自己的影响力持续实际控制公司,这些企业家总有老去的一天,甚至由于自己的强势,时不时去"跨界",难免会造成自己持有的股份无法承担的责任。我们看到,这一传承问题之所以特殊,恰恰是因为这些企业家缺乏对于现代股份公司而言十分重要的控制权。而如果简单遵循股权至上的逻辑,企业家放弃自己的坚持,任凭新入主股东主导新的经营管理团队组建,则有时会使公司多年形成的经营管理经验和理念无以为继。虽然上海家化近期发生的高管更迭事件我们还在持续关注中,但新入股东主导的新组建管理团队短短数年内引起如此之多争议,在一定程度上表明,这

从万科到阿里：
分散股权时代的公司治理

一方式未必是理想的传承模式。因此，如同需要思考面对"野蛮人入侵"时如何激励创业团队以业务模式创新为特征的人力资本投资一样，公司治理的理论与实务界同样需要思考，在中国资本市场进入股权分散时代，如何解决这些早年从国企改制而来的上市公司所面临的特殊传承问题。

在目前阶段，一个更为紧迫的问题是如何阻止这些企业家与新入主股东的单向甚至双向"跨界"的问题。对于如何阻止企业家"跨界"的问题，目前以新入主股东主导的股东大会集体表决的做法看起来并非完全无效。格力过去对股东的红利回报虽然可圈可点，但股东大会依然对格力并购珠海银隆新能源的议案变相予以阻止；而历史上，在新入主股东平安租赁的主导下，股东大会一度阻止了葛文耀提议的上海家化对海鸥手表的并购。与如何阻止企业家"跨界"相比，如何阻止新入主股东的"跨界"显然存在的问题更大。由于分散股东太习惯于"一股独大"治理模式下大股东的大包大揽，并不愿意站出来投下自己"神圣的一票"，使得目前看起来阻止新入主股东的"跨界"缺乏实际有效的机制。这事实上是最近宝能系能够"血洗"南玻 A 董事会背后的原因。

从长远看，未来一个理想的阻止新入主股东"跨界"的可能机制是独立董事提议召开的特别股东大会。之所以是独董，而不是董事会，恰恰在于董事会中的内部董事容易受到企

第六篇
在分散股权时代如何选择公司治理模式？

业家或者新入主股东的影响，并不能从外部分散股东的利益对相关议案做出客观公正的判断。如果简单对照，我们发现，在一些上市公司股权高度分散的成熟市场经济国家中，董事会的理想组织模式为除 CEO 外其余全为独立董事。这些来自外部、相对独立，同时关注声誉和职业发展的独董成为保护分散股东利益、调停企业家与新入主股东利益冲突的重要的第三方力量。必要时，由独董发起特别股东大会对有争议的事项以表决的方式进行最终裁决。毕竟全体股东可以并能够以出资额为限为所做出的决定承担相应的责任。例如，对于格力管理层突然提议的 7 万员工加薪 8.4 亿元，由于涉及重大资金投向和股东股利的重新分配，同样应该由利益中立、立场独立的独董提请股东大会讨论批准通过后实施。

毫无疑问，这一机制目前在中国资本市场并不成熟。其未来有效运作需要依赖于两个必要条件。其一是股东的成熟。这集中体现在股东权利意识的觉醒：手中的股票不仅是可以变现的有价证券，而且"股票就是选票"。作为未来股东的主要构成，机构投资者同样可以扮演重要的制衡企业家和新入主股东的重要力量。例如，在上海家化的案例中，我们能够观察到机构投资者在制衡新入主股东平安租赁、改组董事会和推荐中意董事方面的努力。其二是独董市场和相应制度的成熟。从遴选机制到薪酬制度，再到相应权利义务履行的各项制度安排，独董未来需要逐步摆脱"花瓶"和"签字工具"的形象，成为

从万科到阿里：
分散股权时代的公司治理

在声誉激励和法律风险约束下独立于当事方的第三方力量。在中国资本市场进入分散股权时代后，随着第一大股东持股比例不断缩减，比例不断增大的独董应该逐步代替股权集中时代大股东所扮演的部分公司治理角色。

我们看到，在股东和独董成熟后，以独董为主的董事会将逐步成为我国资本市场公司治理新的权威。例如，在董事会居中协调下，并最终通过股东大会表决，向企业家实施高的股权激励等"金降落伞"计划使企业家顺利降落；独董主导的董事会提名委员会在听取企业家和新入主股东意见的基础上，按照实现公司持续稳定发展的原则，实现对新的经营管理团队的遴选和聘任。

除了上述公司治理制度的调整，具有国企"基因"的创业企业家面临的特殊传承问题的解决，同样有赖于观念的转变。创业企业家本身应该意识到自然生命周期的限制，选择主动适时退出。从产业资本过渡到公益性基金的持有，逐步从以往承担专用性投资的风险转向依靠风险分担的多元化投资。这方面典型的例子是美国微软前总裁比尔·盖茨的角色转变。对于新入主的股东，则需要打破传统"股权至上""老板雇用打工仔"的思维，与企业家建立合作共赢的长期合伙关系，共同分享企业发展的红利。新入主股东应该对企业家充满敬畏，尊重其经营管理的权威；反过来，企业家应该感谢新入主股东的风险与共。

如何使险资、养老金成为合格的机构投资者？*

回顾即将过去的 2016 年的中国资本市场，险资频繁举牌，甚至"血洗"上市公司董事会的场景仍然让人记忆犹新。在不远的将来，雄心勃勃、即将入市的养老基金势必再次搅动资本市场的"一池春水"。对照成熟市场经济国家的实践，作为重要机构投资者，无论险资还是养老金都是资本市场的"宠儿"。而在中国，险资居然成为"不受欢迎的人"。那么，我们应该如何规范已经入市的险资和即将入市的养老金，使它们成为合格的机构投资者呢？

第一，作为机构投资者，委派董事数量占董事会内部董事的比例应严格以持股比例为上限。理论上和实践中，如同形成金字塔结构的企业集团一样，拥有高于持股比例的董事委派比

---

* 本文曾以"如何使险资、养老金成为合格的机构投资者？"为题发表于《经济观察报》，2017 年 1 月 20 日。

从万科到阿里：
分散股权时代的公司治理

例同样是控制权与现金流权利相分离的重要实现机制之一。这里所谓的控制权指的是借助股东大会或董事会表决实现对公司重大事项的影响力，而现金流权则反映的是由实际出资额体现的责任承担能力。例如，持有子公司30%股份的控股母公司，通过同样持股30%的子公司可以在孙公司重大事项的表决中至少获得30%的投票支持。现实中的典型例子是，母公司提议以其他应收款方式由子公司无偿占用孙公司的部分资金。由于在孙公司股东大会或董事会议案表决的影响力，母公司所提出的议案顺利通过成为大概率事件。这使得享有子公司30%的现金流权的母公司从上述资金占用中至少获得30%的收益。但由于母公司在孙公司投入的资本比例只占到孙公司全部资本的9%（30%×30%），因而母公司由于资金无偿被占用（甚至面临未来无法到期偿还的风险）的损失仅限于其投入孙公司的9%现金流权。这意味着，借助上述分离机制，母公司通过子公司对孙公司的资金占用，以9%的成本获得了超过30%的收益，获得的收益和承担的责任并不对称。其中部分成本转由孙公司的外部分散股东承担，使他们的利益受到损害。这在公司治理文献中被称为处于金字塔顶端的大股东对处于底端的外部分散股东的"隧道挖掘"行为。让我们回顾这次宝能系"血洗"南玻A董事会的案例。在由9位董事组成的董事会中，除了3位独董，持股比例仅25.77%的宝能系却委派了6位内部董事中

第六篇
在分散股权时代如何选择公司治理模式?

的3位。换句话说,宝能系委派了全部内部董事的50%。因此,未来我们需要对上述委派董事比例的限制做出明确规定,把更大的比例留给来自外部的利益中性的独立董事。

我们看到:一方面,从风险分担和法律对投资者保护的改善来看,经过长期减持,很多上市公司的第一大股东的持股比例已低于20%;另一方面,《会计准则》对长期股权投资在持股高于或等于20%才可以使用权益法核算的规定,客观上助长了险资持续举牌,持股达到20%以上的冲动。这使得险资稍不留神就成为第一大股东。如果我们没有对通过二级市场举牌成为第一大股东的机构投资者委派董事的比例做出必要的限制,那么通过委派与持股比例并不对称的董事比例,险资很可能由于对公司重要事务的实际影响力增大而一不小心从财务投资者演变为战略投资者。当不幸遭遇桀骜不驯,甚至意气用事的管理团队时,新入主股东做出"血洗"董事会之举可能就变得在所难免。

第二,险资等机构投资者按持股比例所委派的董事更多是用来履行监督职能,以保证机构投资者的合法权益不受侵害,而并非越界直接插手日常的经营管理事务。现代股份公司通过资本社会化和经理人职业化实现了风险分担与职业经营之间的专业化分工,极大地提升了企业的生产组织效率。因而,所有权和经营权的分离一方面是引起经理人与股东之间代理冲突的

从万科到阿里：
分散股权时代的公司治理

原因，但另一方面恰恰是现代股份公司的精髓所在。对于代理冲突，需要依靠激励机制的设计和治理结构的完善来实现，而不是简单地由所有者来扮演也许并不称职的经营者的角色。在南玻 A 事件中，如果比例有限的宝能系董事代表在曾南等管理团队做出可能有损股东利益的投资举措时，说服其他董事否决相关议案，相信没有人会对宝能系进行非议。问题恰恰出在宝能系代表没有谨守上述边界，而是越界提出由宝能系的代表代替曾南履行董事长的职责，以至于出现了后来不堪收拾的局面。

第三，鼓励险资等机构投资者从持有普通股转为持有优先股。相对于普通股而言，优先股在股利支付和公司破产清偿时的财产索取方面都具有优先权。作为"伪装了的债务"，持有优先股不仅有利于险资等机构投资者投资的保值增值，而且优先股股东不具有表决权的特点从制度上防止了机构投资者过多干预并不擅长的生产经营活动等越界行为的发生。我国从 2013 年开始优先股的试点，目前仅有数十家上市公司发行优先股。经过数十年发展的洗礼，股权至上和"资本雇佣劳动"的逻辑好不容易获得我国资本市场的基本认同，很多投资者似乎还没有准备好接受"没有控制权的股东"这一看似角色错位的新的控制权安排理念。这使得没有投票权的优先股在实际推行过程中举步维艰。其实，很多投资者并没有意识到，有时放弃

第六篇
在分散股权时代如何选择公司治理模式?

控制权,把自己并不熟悉的业务交给自己值得信任的并建立长期合伙关系的管理团队经营,反而会给自己带来更大的投资回报。这方面值得我们学习的榜样是,持股比例高达31%却放任马云合伙人实际控制阿里巴巴的软银,以及持股比例高达80%却允许持股比例仅为20%的刘强东通过发行双层股权结构股票享有实际控制权的京东的分散股东们。

优先股并没有在我国资本市场盛行的一个同样重要的理由是在相关规定中并未明确机构投资者持有优先股通常应该享有的税收减免优惠。这使得一些机构投资者对持有优先股的激励不足,反过来没有形成上市公司发行优先股的稳定需求。作为对照,美国一方面通过征收公司间股利税,使金字塔结构的企业集团面临双重甚至多重课税,处于严重的税负劣势,这使得很多企业宁愿选择扁平式的组织结构;另一方面,按照美国相关税法的规定,机构投资者投资优先股所获得的股利中70%可以免缴所得税。由于个体投资者投资优先股不具有税收减免优惠,这使得优先股成为很多机构投资者青睐的对象。未来也许我们应该一方面通过完善公司间股利税的征收,使看起来负面效应多于正面效应的金字塔结构组织的企业集团逐步扁平化。与此同时,通过推出相应的税收优惠,鼓励上市公司多发行优先股,而机构投资者多持有优先股。

那么,在从观念和相应制度保障上使险资等停留在财务投

从万科到阿里：
分散股权时代的公司治理

资者的角色后，应该如何使他们扮演积极而不是消极的机构投资者的角色呢？险资等机构投资者事实上至少可以通过以下三个途径扮演积极角色。其一，最直接和简单的是，"以脚投票"。机构投资者可以通过增持或减持所持的普通股或优先股向资本市场和上市公司本身传递所持股公司的治理状况盈利前景判断的信号。大的机构投资者的减持行为往往会引发资本市场连锁反应，使得其他投资者纷纷减持，而这为真正的接管商乘虚而入创造了时机。因此，为了避免机构投资者的减持，上市公司有激励努力改善公司治理，向股东提供尽可能高的回报。

其二，在股东大会上，提出特别议案，甚至联合其他机构投资者否决有损外部分散股东的议案。这方面的一个典型例子是上海家化几家机构投资者联合起来在股东大会上否决当时管理团队提出的并购海鸥手表的议案。必要时，机构投资者还可以提议召开临时股东大会。

其三，险资等机构投资者还可以通过对持有股票的公司治理状况进行排名，定期发布，借助媒体的力量来履行监督角色。这方面的一个著名例子来自美国加州公务员养老基金（CalPERs）。CalPERs每年按照股东回报、增加的经济价值和公司治理等指标列出业绩平淡公司的名单，然后派代表与列入名单的公司进行谈判。如果这些公司拒绝接受改进公司业绩的

第六篇
在分散股权时代如何选择公司治理模式？

建议，CalPERs将威胁把名单公布于众。为了避免媒体曝光带来高管个人声誉和公众形象的损失，这些公司往往愿意接受CalPERs的相关意见和建议。由此，CalPERs不仅成为值得分散股东信赖的积极股东，而且也成为上市公司完善公司治理结构的良师益友。

谁抢了监事会的饭碗？*

按照我国 1993 年颁布的《公司法》规定，上市公司在股东大会下设董事会和监事会两个平行的机构。监事会在我国《公司法》中具有与董事会平行的地位，并且被赋予了包括监督公司董事和经营者的权力。粗略地看，在 2003 年开始全面实施独立董事制度之前，"职能分离"的德日双层模式在我国上市公司董事（监事）会组织模式中居于主导地位。即由监事会负责监督经理人，而董事会只负责向经理人提供战略咨询。

这一"双层董事会组织模式"的推出无疑是我国资本市场发展早期学习日德"双层模式"的"产物"。事实上，作为新生事物，我国上市公司监事会制度建设始终处在不断学习中。早期监事会成员多由公司职工或股东代表组成，这使我国监事会组织模式更加接近"双层结构"的"日本模式"；随着

---

* 本文曾以"谁抢了监事会的饭碗"为题发表于《董事会》，2015 年第 12 期。

第六篇
在分散股权时代如何选择公司治理模式？

1999年《公司法》的修改和2000年《国有企业监事会暂行条例》的颁布，我国逐步建立了国有企业外派监事制度，使我国的国有上市公司董事会组织模式具有了更多"德国模式"的色彩。

2001年在安然、全球通讯等事件爆发后，美国立法当局出台萨班斯法案加强外部董事（独立董事）在公司治理中所扮演角色的分量，全球掀起对上市公司进行来自外部和独立监督的强调和重视的浪潮。在这一背景下，好学上进的我国资本市场开始积极引进并于2003年开始全面推出独立董事制度。

在上述学习过程中，我们董事（监事）会组织模式不知不觉从监督和战略咨询职能分离的日德模式，转向职能混合的英美模式，开始强调董事需要同时履行战略咨询和监督经理人两种职能。但在上述制度引进和学习过程中，我们同时保留了监事会，出现了监督职能同时由董事会（中的独立董事）与监事会监事履行的局面。换句话说，我们形成了一种既不完全像美国模式，又不完全像德国模式，而是介于美国和德国模式之间的所谓的"具有中国特色"的董事（监事）会组织模式。

虽然通过推出国有企业外派监事制度，"在促进国有企业改革和发展、防止国有资产流失、实现国有资产保值增值方面发挥了积极重要作用"，但国资国企问题专家、国有重点大型企业监事会主席季晓南同时承认，"这些年中央企业大案要案

从万科到阿里：
分散股权时代的公司治理

大多不是监事会披露和发现的"（《中国企业报》，2015年1月12日）。监事会在现代公司治理中履职难不言而喻。

那么，是什么原因导致目前监事会履职难的尴尬局面呢？从前面对我国董事（监事会）组织模式演进历史的回顾，我们不难看出，从2003年开始推出的独立董事制度以职能混合的方式履行监督职能，事实上构成了对设定履行监督职能的监事会的功能替代。随着近年来我国监管当局对董事会内部专业委员会制度建设的重视和强调，监事会的监督职能被边缘化不可避免。因此，在制度设计上功能的重叠在我们看来是导致监事会无法履职的重要原因之一。此外，设置与董事会（中的独立董事）监督功能重叠的监事会不仅增加了上市公司制度运行成本，而且使经理人面临董事会和监事会的多头监督人浮于事的局面。因此，围绕我国上市公司如何形成高效的董事会组织模式，我们还需要开展新的探索。

对于目前监事会履职难现象我们事实上还可以从监督执行人的角色错位得到解释。上市公司监督执行人从来自企业公司职工或股东代表，到控股股东或出资人外派监事，再到近年来盛行的独立董事，其背后隐含的逻辑是学术界与实务界对来自外部的独立的监督更加有效的认识。毕竟，"作为其他公司的关键决策者的外部董事，通常较为关注其在经理人市场上的声誉，因而，与内部董事相比，更可能成为经理人的有效监督者"（Fama and Jensen，1983）。出于规避法律风险和避免声誉损失的考量，来自外部的独董与主要来自内部的监事相比更敢于对公司一些不合理的董事会议案说"不"。

由于独董产生和更迭受到作为监督对象的内部控制人的影响、独董自身激励不足、任人唯亲的董事会文化以及逆淘汰出具否定意见的独董的现象时有发生等原因，独董在履行监督职能问题上同监事一样，饱受批评和争议。但我们毕竟看到，董事（监事）制度建设从原来依靠来自内部的监督走向依靠来自外部的独立的监督，使原本错位的角色走在回归合理的路上。

我国上市公司独董为什么没有发挥预期的作用?*

作为完善我国上市公司治理结构的重要举措,借鉴一些国家发展资本市场的成熟经验,我国于 2001 年开始在上市公司中全面推行独董制度。该政策制定的初衷是,希望借助来自"外部""独立"的独董力量,加强对管理层的监督,降低代理成本,增加股东回报。独董至少在形式上成为我国上市公司治理最基本和重要的制度安排之一。然而,在最近发生的万科股权之争中,独董在公司治理中发挥的作用再次受到质疑。长期以来,我国上市公司独董广受批评,被一些媒体称为"签字工具"和"花瓶"。那么,为什么独董在我国上市公司的治理中并没有发挥预期的作用呢?

第一,独董的产生需要经过公司管理层的推荐和面试,管

---

* 本文曾以"我国上市公司独董为什么没有发挥预期的作用?"为题发表于《中国经营报》,2016 年 9 月 2 日。

第六篇
在分散股权时代如何选择公司治理模式?

理层的上述权力使得独董监督作用发挥先天不足。由于作为监督对象的管理层在提名董事进入新一轮董事会中扮演十分重要的角色,成为董事所带来的薪酬、名誉和社会交往使每一位希望在下一届董事会选举中重新获得提名的董事有激励讨好管理层。一方面,管理层绩效考核和薪酬制定由董事来完成;另一方面,管理层会反过来参与董事的年薪和津贴的制定。更重要的是,一名董事一旦形成"喜欢与管理层对抗"的"声誉",将很难获得被其他公司邀请加入董事会的机会。出于上述几方面的考虑,董事在监督管理层问题上通常表现得十分暧昧,容易妥协。我们看到,管理层在独董产生过程中的"权力"成为独董难以发挥预期监督作用的制度根源。

第二,任人唯亲的董事会文化制约独董有效发挥监督作用。由于尚未形成成熟的独董市场,我国上市公司独董一般在管理层的朋友,或"朋友的朋友"中产生。上述任人唯亲的董事会文化的出现,一方面在制度根源上离不开管理层手中的权力,另一方面则与我国传统文化中更加注重社会连接这一文化倾向有关。在我国上市公司中存在任人唯亲董事会文化的一个更直接的例证是独董返聘现象。一些上市公司独董在任满两届6年以后,短暂离开公司后再度被聘为独董。通过返聘,独董变相实现了任期的延长。而监管当局对独董任期加以限制的初衷同样是防止独董与上市公司其他高管因任期过长而变得关系过于紧密,影响独董的独立性和监督的有效性。独董返聘现象的存在除了表明案例企业至少在选聘独董过程中存在不规范行为和任人唯亲倾向外,还在一定程度上揭示了在我国公司治理实践中,很多上市公司往往仅仅把独董的设置认为是满足监管要求的结果,而不是希望引入一个独立的监督者。

从对董事长或经理人权威尊敬的文化和社会规范出发,董事通常不愿出面阻挠薪酬计划等,以免破坏与董事长或经理人良好的同事关系。上述董事会固有的文化导致董事激励讨好经理人,在潜意识里与经理人合谋。我们看到,任人唯亲的董事会文化成为制约独董有效发挥监督作用的文化根源。

第三,固定津贴下的独董激励不足。与成熟市场经济国家上市公司甚至主要依靠股权激励计划等来向独董提供激励不同,我国绝大多数上市公司向其独董支付的是津贴性的固定薪酬。而薪酬合约设计中十分重要的股权激励计划在我国独董薪酬实践中明确不允许采用。中国证监会 2005 年颁布的《上市公司股权激励管理办法》(试行)第 8 条明确规定:股权激励计划的激励对象可以包括上市公司的董事、监事、高级管理人员、核心技术(业务)人员,以及公司认为应当激励的其他员工,但不应当包括独董。作为对照,在世界 500 强企业中,50%以上的企业向独董发放股权激励,甚至有 5%的企业的独董收入全部来自股票。一个显然的事实是,基于独董个人努力

第六篇
在分散股权时代如何选择公司治理模式？

付出程度和风险分担的差别化薪酬设计显然会向其提供更强的激励，将优于目前大多数公司采用的津贴性质的独董薪酬发放模式。

我们注意到，以往公司治理理论和实践更多关注的是经理人的薪酬设计问题，而为经理人设计薪酬激励方案的独董薪酬设计问题长期以来或者被忽视，或者简单假设独董自身的激励问题已经得到很好的解决，因而他有激励来履行监督经理人和进行战略咨询的职责。然而，正如 Bebchuk 和 Fried 所指出的，董事会在成为解决经理人与投资者之间的利益冲突所引发的代理问题的潜在工具的同时，自身同样存在代理问题（独董是股东的代理人）和相应产生的激励问题。因而，如何激励独董，使他们能够"像股东一样思考"至少同公司治理理论和实践传统上关注的经理人薪酬设计问题一样重要。

第四，独董难以实质参与上市公司重要经营决策，并提出可能的政策建议。上海证券交易所 2013 年发布的一份报告指出，当年共有 26 家公司的 38 位独董对相关事项提出过异议，占独董总人数的 1.23%。这意味着绝大多数独董从未发表过反对董事会决议，从而提出违背控股股东及其控制下的管理层的意志的反对意见。同样根据上交所 2013 年的这份报告，超过三分之一的独董表示自己无法获得与内部董事同等的信息，以支持自己做出独立判断、发表独立意见；甚至有约七分之一的

从万科到阿里：
分散股权时代的公司治理

独董表示所任职公司曾欺骗过自己或阻挠过自己行使职权。在缺乏必要信息的情况下，独董既不能盲目附和，也不能随意否决，只能弃权。这使得独董难以实质参与上市公司重要经营决策，并提出可能的政策建议。

第五，一些上市公司引入独董的目的本身不是监督管理层，而是建立政治关联。一些研究表明，民营企业负责人通过成为人大代表或政协委员建立政治关联，而政治关联有助于民营企业从商业银行获得更多贷款，并获得政府税收补贴。出于同样的目的，很多民营企业希望通过聘用具有政府官员背景的独董帮助民营企业建立政治关联。这使得独董的聘请一定程度上演变为公司通过支付独董津贴的方式向为企业谋取政治经济利益提供帮助的官员背景独董支付"报酬"。既然聘请独董的目的就是建立政治关联，显然我们并不应该寄希望于这些独董反过来监督管理层。

为了杜绝通过上述方式建立政治关联来以权谋私，开展不公平竞争，2013年10月19日中组部下发了《关于进一步规范党政领导干部在企业兼职（任职）问题的意见》（以下简称《意见》）。《意见》颁布后，A股上市公司迅速掀起独立董事离职潮。至2014年6月初，沪深两市共有268人主动请求辞去独立董事职位，涉及约300家上市公司。平均每月有约33名独立董事递交辞呈，几乎每天有至少一名独立董事去职（《经

第六篇
在分散股权时代如何选择公司治理模式？

济参考报》)。如此数量之多的官员背景人士出任独董成为我国上市公司治理实践中十分独特的现象。

第六，逆淘汰说"不"独董的现象严重。一些研究表明，独董对董事会议案出具否定意见将使其在未来一年内离职的可能性增加，因而在我国上市公司中存在逆淘汰说"不"独董的现象。在逆淘汰的氛围和任人唯亲的文化背景下，独董预期到一旦说"不"，不仅离职的可能性提高，而且容易形成"喜欢与管理层对抗"的"声誉"，今后将很难获得其他公司的聘任。说"不"需要付出如此高昂的成本迫使独立董事往往选择沉默、奉承，甚至迎合或勾结。

我国上市公司自全面推行独立董事制度已有十多个年头了。我们看到，独立董事制度虽然在提高信息披露的可信程度、增加上市公司关联交易成本等方面功不可没，但由于上述种种原因，独董与预期发挥的代表股东监督管理团队的作用之间仍然存在差距。在这次万科股权之争中暴露出来的一些有关独董履职程序的问题进一步表明，即使在被称为我国资本市场公司治理标杆的万科，独董制度同样存在进一步改善的空间。未来，我们需要从制度设计和文化根源两个方面积极加以改进，努力形成科学合理的董事会权力架构以及"和而不同"的董事会文化，使我国上市公司的独董制度健康良性发展，并最终成为发挥重要公司治理作用的基础性的制度安排。

公司章程修改，股东为什么会投反对票？*

在我国上市公司很多高管记忆深处，2015年万科股权之争中的"门外野蛮人入侵"成为挥之不去的阴影。一些公司纷纷通过公司章程的修改来引入反并购条款，以阻止野蛮人的闯入。概括而言，围绕反并购条款，公司章程的修改主要涉及以下两方面的内容。其一，提高更换董事和高管的成本。例如，引入"金降落伞"条款，提高对公司董、监、高提前终止任职的补偿；规定每年或每次改选董事时可更换董事的最高比例。例如，廊坊发展2016年8月拟修改的章程中，增加除任期届满或辞职的情形外每年改选非职工董事不超过1/3、非职工监事不超过1/2的规定。其二，改变公司治理结构，提高股东提出议案和参与议案表决的难度。例如，在一些公司章程修

---

* 本文曾以"公司章程修改，股东为什么会'出人意料地'投反对票？"为题发表于FT中文网，2017年3月2日。

第六篇
在分散股权时代如何选择公司治理模式？

改事项中,授权董事会对股东提案进行预先排除、对股东召集股东大会的请求不予配合,甚至授权董事会不承认股东大会决议,并允许就此提起诉讼。

在险资背景的宝能系"血洗"南玻A董事会和监管当局对险资出台严厉的监管措施后,防范"门外野蛮人入侵"的反接管条款在公司章程中的引入不仅获得了资本市场的广泛同情,甚至得到了监管当局的背书。然而,我们依然观察到,一些上市公司所提出的上述章程修改议案出人意料地未获得股东大会通过。那么,我们应该如何理解股东在上述章程修改议案上投反对票的行为呢?

在讨论上述问题之前,我们首先需要澄清股东享有上述权利的法理基础。其一,股东可以对董事会提交股东大会表决的议案投赞成或反对票,因为这是股东的基本权利。按照2016年诺贝尔经济学奖得主哈特教授的观点,投资者之所以愿意把自有财富交给一个陌生的经理人,而不太担心经理人"敲竹杠"等机会主义行为,恰恰是由于股份公司事先已向投资者做出承诺:出资入股的投资者将成为被称为股东的公司所有者。成为股东意味着可以对股份公司中(由于合约不完全导致的合约中尚未规定的"剩余")重大事项拥有最终裁决权。上述权利在哈特发展的不完全合约理论中被称为剩余控制权。这集中体现在围绕董事会提议的资产重组、经营战略调整和管理团队

从万科到阿里：
分散股权时代的公司治理

更迭等重大事项上，以及股东在股东大会上所行使的表决权。这是我们观察到，尽管不同国家的《公司法》在形式上会有这样那样的差异，但都会十分明确地规定董事需要向股东在法律上负有诚信责任背后的原因。它同时构成股东作为股份公司所有者对重大事项享有表决权的法理基础之一。

其二，同样重要的是，股份公司（包括经理人）之所以同意授予股东上述权利，是由于股东作为出资入股者有能力承担相关决策制定带来的后果。在现代股份公司有限责任制度下，股东以出资额为限承担有限责任。因此，在股东大会上做出表决不仅意味着股东作为所有者享有权利，而且意味着他们未来需要对所做出的决策承担相应的责任。在阿里集团以合伙人制度在美国上市的过程中，我们注意到当时分别持股达31.8%和15.3%的软银和雅虎等大股东同意持股比例仅为13%的马云合伙人对阿里董事会的安排具有实质影响，但以马云持股比例不低于1%为限。软银和雅虎当然没有也不会允许没有持股的其他经理人成为公司的实际控制人。之所以做出上述规定，我们看到，同样是出于成为实际控制人必须具有一定的风险承担能力的考量，尽管软银和雅虎已经用持股的事实表明了愿意与马云合伙人一起承担风险的意愿。参与表决者必须具有一定的责任承担能力，构成股东作为股份公司所有者对重大事项享有表决权的另外一个法理基础。

第六篇
在分散股权时代如何选择公司治理模式？

上述讨论表明，股东在股东大会上行使表决权（无论是赞成还是反对）不仅是股东法定权利的体现，而且意味着未来对决策后果的责任承担。在一股一票制下，股东通过在股东大会上行使表决权可以很好地体现建立在上述法理基础上的股东作为股份公司所有者的权利和义务对称的原则。

但在现实公司治理实践中，存在着大量的机制和途径使部分股东决策权利和责任承担能力并不匹配。一个典型例子是借助企业集团金字塔结构组织形式实现的控制权与现金流权利的分离。这里所谓的控制权指的是通过股东大会或董事会表决实现的对公司重大决策制定的影响力，而现金流权则反映的是由实际出资额体现的责任承担能力。例如，持股子公司30%股份的控股母公司，通过同样持股孙公司30%股份的子公司，可以在孙公司重大事项的表决中至少获得30%的投票支持。现实中的典型例子是，母公司提议以其他应收款方式由子公司无偿占用孙公司的部分资金。由于在孙公司股东大会或董事会议案表决上的影响力，母公司所提出的议案顺利通过成为大概率事件。这使得享有子公司30%的现金流权的母公司从上述资金占用中至少可获得30%的收益。但由于母公司在孙公司投入的资本比例只占到孙公司全部资本的9%（30%×30%），因而母公司由于资金无偿被占用（甚至面临未来无法到期偿还的风险）的损失仅限于其投入孙公司的9%的资金。我们看到，借助上

从万科到阿里：
分散股权时代的公司治理

述分离机制，母公司通过子公司对孙公司的资金占用，以 9% 的成本获得了超过 30% 的收益，获得的收益和承担的责任并不对称。其中部分成本转由孙公司的外部分散股东承担，使他们的利益受到损害。这在公司治理文献中被称为处于金字塔顶端的大股东对处于底端的外部分散股东的"隧道挖掘"行为，是由股东之间利益冲突引发的典型的代理成本之一。

如同形成金字塔结构的企业集团一样，拥有高于持股比例的董事委派比例同样是实现控制权与现金流权利分离的重要实现机制之一。例如，在 2016 年 11 月发生董事会更迭事件的南玻 A 由 9 位董事组成董事会。其中，除了 3 位独董，持股比例仅 25.77% 的宝能系却委派了 6 位内部董事中的 3 位，占到全部内部董事的 50%。把较大比例（甚至 100%）的决策权交给这些并没有相应的责任承担能力的部分股东（例如持股仅 25.77%）并不符合外部分散投资者成为股东的初衷，同时也违背了上市公司当初向出资入股的投资者做出"享有公司所有者权利"的承诺。上述权利和责任的不对称，同样是在南玻 A 引发所谓"血洗"董事会事件的潜在诱因之一。

回到我们关注的股东大会未通过公司章程修改事项的现象。我们理解，在一些希望通过变更公司治理结构来阻止"野蛮人入侵"的案例中，修改的公司章程拟授权董事会对股东提案进行预先排除、对股东召集股东大会的请求不予配合，甚至

第六篇
在分散股权时代如何选择公司治理模式?

授权董事会不承认股东大会决议,并允许就此提起诉讼等。这使得原本应该由股东作为企业所有者和最后责任人所享有的剩余控制权被董事会这一代理机构越俎代庖。因而,上述公司股东大会的公司章程修改议案由于违反上述权利与责任相对应原则而遭到股东的反对,我们对此并不应该感到惊诧。

有趣的是,如果观察修改公司章程议案股东大会表决相关公告的市场反应,我们不难发现:那些违反上述权利与责任相对应原则的公司章程修改如果没有通过,市场反应显著为正;而那些违反上述原则的公司章程即使由于这样或那样的原因获得通过,市场反应也显著为负。我们看到,当追求投资回报最大化的投资者面对未来可能导致"隧道挖掘"行为发生的公司章程修改时,股东因为担心利益受到损害会投反对票,甚至会"以脚投票";出于同样的原因,原本有意持有该股票的潜在投资者则纷纷改变主意,导致该股票的需求急剧下降。上述两个因素的叠加使得在剔除市场平均收益后反映该股票个体收益的累计非正常收益显著为负。我们看到,市场反应从另外一个角度揭示了一些公司章程修改议案未获通过背后的原因。

容易理解,正常的股东大会讨论议案并非每次都能通过。有通过的,当然也一定会有没有通过的。这就如同在董事会表决中总有一些议案被(独立)董事说"不",甚至被否决。而(独立)董事说"不"甚至被一些研究认为是(独立)董事履行监督职能的重要实现途径。对于没有通过的议案，上市公司控股股东和董事会需要更多地从议案本身是否违反了权利与责任相对应原则来重新审查议案的合理性和正当性。在经过必要的修改和调整后，如果董事会认为重要而且必要，公司章程修改议案可以重新提交股东大会审议。一个典型的例子是，按照2016年12月28日廊坊发展的公告，8月10日在股东大会上被否决的章程修改议案再次在董事会上审议通过，并提交2017年第一次临时股东大会审议。当然，股东大会最终是否通过，很大程度上仍然取决于权利与责任相对应原则是否得到满足。

在分散股权时代如何选择公司治理模式？*

我国资本市场已在不知不觉中进入股权分散时代。其一，权利保护的改善和风险分担意识的加强使得原控股股东倾向于选择股权分散的股权结构。传统上，当权利得不到法律应有的保护时，投资者倾向于选择集中的股权结构来对抗经理人损害股东利益的代理行为。这是我们观察到的投资者权利法律保护并不尽如人意的一些大陆法传统和新兴市场国家选择股权集中的治理模式的重要原因。经过多年的发展，我国资本市场不仅具备了一定的分散风险的功能，而且看起来能够保护股东利益的各种外部内部治理框架和法律体系初步成型，把较大比例的股份集中在同一家公司显然并非原控股股东的最优选择。其二，从 2005 年到 2007 年进行的股权分置改革使股票的自由流

---

* 本文曾以"在分散股权时代如何选择公司治理模式？"为题发表于《证券市场导报》，2016 年第 12 期。

从万科到阿里：
分散股权时代的公司治理

通，甚至控制权变更成为可能。其三，随着可以投资股票等资金的比例上限不断提高，险资等机构投资者开始大举进入资本市场，甚至通过在二级市场公开举牌一度成为一些上市公司的第一大股东。影响持续深远的 2015 年万科股权之争的爆发标志着我国资本市场开始进入股权分散时代。

那么，在进入股权分散时代后，我国上市公司应该如何选择公司治理模式呢？

第一，在内部治理机制设计上，从依靠控股股东逐步转向依靠以利益中性、地位独立的独立董事为主的董事会。持股比例较高时与企业利益较为一致的原控股股东在持股比例降低后更倾向于"隧道挖掘"，从而收益自己独享，而成本则与外部股东分担；通过二级市场举牌新进入的第一大股东由于持股比例并不高，和持股比例降低后的原控股股东具有类似的动机。此时如果仍然依靠第一大股东，以及该股东推荐的内部董事，并不能使外部分散股东的利益得到应有的保护。在最近发生的宝能系"血洗"南玻 A 董事会的例子中，我们看到持股仅为 25.77% 的宝能系竟然指派了 6 位内部董事中的 3 位。从这一事件中我们应该汲取的教训是：一方面，应该对通过二级市场举牌而成为第一大股东的董事提名比例加以限制（例如，以其持股比例为上限）；另一方面，则应该扩大独董在董事会成员中的比例，使相对而言更加注重声誉和利益中性的独董集体成为

第六篇
在分散股权时代如何选择公司治理模式？

董事会中重要的第三方力量。这也是为什么在一些股权分散的成熟市场经济国家中，除 CEO 外其他全部为外部董事被认为是理想的董事会构成模式。

第二，在外部治理机制上，发挥险资、养老金等机构投资者的积极股东角色。在这次以险资举牌为特征的并购潮中，其中所展示的有限正面价值是向那些仍然沉迷于"铁饭碗"的经理人发出警醒：虽然原来国资背景的大股东可能并不会让你轻易退位，但新入主的股东则可能使你被迫离职。当然，由于目前我国资本市场关注的公司治理问题已从原来的经理人机会主义行为转为以野蛮人入侵为代表的股东机会主义行为，除了给予试图形成管理壕沟的经理人的必要警示，我们更愿意强调如何来保护创业团队以业务模式创新为特征的人力资本投资问题。因此，在对新入主股东的董事提名比例加以限制的同时，我们应该鼓励已经进入资本市场的险资和即将进入资本市场的养老金等机构投资者严格遵守财务投资者的边界，避免过多干预并非擅长的公司经营管理事项。通过每年对所持股公司的治理和回报水平的排名进行媒体曝光，甚至发起要约收购，机构投资者可以在未来公司治理实践中扮演积极的股东角色。

第三，当管理团队与新入主股东发生冲突时，独董提议召开的特别股东大会应该成为协调双方意见分歧的重要机制。"一股独大"下的股东大会往往是使体现大股东意志的重要事

从万科到阿里：
分散股权时代的公司治理

项议案符合监管要求的合规性流程的一部分，已充分预期到未来结果的分散股东并没有积极性参与。然而，在进入股权分散时代后，随着原来大股东持股比例的下降和以往举足轻重影响力的减弱，不仅分散股东的权利意识开始增强，而且在一些上市公司通过"小股民起义"推翻大股东议案的事件屡见不鲜。我们看到，在南玻 A 是否应该更换董事会重要成员的问题上，既不应该是部分股东，也不应该是代表部分股东的部分董事，而应该是全体股东用手中"神圣的一票"来做出更符合大多数股东利益的最终裁决。